NOTICE

HISTORIQUE

SUR LA VILLE ET LE CHATEAU

DE CLISSON.

NOTICE

HISTORIQUE

SUR LA VILLE ET LE CHATEAU

DE CLISSON,

PAR M. F. FRÉDÉRIC LEMOT,

Statuaire, Professeur aux Ecoles impériales des Beaux-Arts de Paris, Membre de l'Institut impérial de France, de l'Académie des Beaux-Arts de Rome, de celle des Sciences, Belles-Lettres et Arts de Lyon, de l'Académie celtique, et de la Société des Sciences et Arts du département de la Loire-Inférieure.

PARIS,

DE L'IMPRIMERIE DE HOCQUET ET Cie.,

RUE DU FAUBOURG MONTMARTRE, N°. 4.

1812.

NOTICE

HISTORIQUE

SUR LA VILLE ET LE CHATEAU

DE CLISSON.

Au printems de 1805, le sénateur Cacault se disposait à se rendre à Clisson pour y terminer l'arrangement définitif du musée qu'il avait établi dans cette ville ; il me pressa de l'accompagner ; ses vives instances, et peut-être le pressentiment de ne plus le revoir me déterminèrent à le suivre dans ce voyage.

En arrivant à Clisson, je fus tellement surpris et frappé du grand caractère de ce paysage, que je me crus transporté en Italie. Je ne pouvais assez contempler la richesse et la variété de ces tableaux admirables, où la nature semblait déployer toute sa magnificence pittoresque. Le bois de *la Garenne* surtout, me retenait sans cesse par la beauté de sa végétation, de ses rochers, de ses cascades, l'étendue de ses points de vue, et la nuit me surprenait toujours le crayon à la main dans ces promenades solitaires.

Séduit par tous les attraits de ce séjour champêtre, je me rendis avec empressement aux vœux du sénateur et de son frère qui desiraient vivement m'attirer dans ce pays. Je fis l'acquisition de ce bois *de la Garenne*, et la mort de ces deux amis n'a pu me faire renoncer au projet que j'ai formé, de construire dans ce lieu une agréable et modeste retraite, où j'espère dans quelques années, loin du tumulte et des distractions de la capitale, me livrer entièrement à l'étude des beaux arts, à la méditation, et aux douces jouissances de l'amitié.

Je ne fus pas moins frappé de l'effet imposant de ce château de Clisson, si fameux dans les guerres de Bretagne, si étonnant encore par sa masse et son architecture; et lorsque la caisse d'amortissement, à qui le gouvernement l'avait cédé, le mit en vente en 1807, je craignis avec raison que ces ruines vénérables ne fussent arrivées à la dernière époque de leur existence. Affligé depuis long-tems de la destruction de presque tous nos édifices gothiques, je m'empressai d'acheter celui-ci, dans l'unique intention de conserver avec soin ce monument fait pour intéreser sous le double rapport de l'histoire nationale et de l'art. Dumoins, tant que j'existerai, ces antiques et hautes murailles, que six siècles, des guerres furieuses et des siéges opiniâtres n'ont pu détruire, seront respectées : je ne ferai point disparaître par une cupidité honteuse cette noble enceinte, où des héros reçurent le jour, que d'illustres personnages habitèrent, et qui rappelle enfin tant d'actions éclatantes de vertu, de barbarie et d'héroïsme.

Possesseur de ces ruines célèbres, j'ai voulu ajouter aux charmes de ces beaux lieux le charme non moins puissant des souvenirs, et j'ai consacré quelques-uns de mes loisirs à fouiller dans les vieilles chroniques de Bretagne, pour connaître tous les faits historiques, dont ce château et ce pays furent le théâtre, c'est le résultat de ces recherches que j'ai cru devoir rassembler pour les artistes et les amateurs que les beaux sites de Clisson y attirent chaque année.

Cette petite ville très-ancienne, est située

à 3 myriamètres (1) de Nantes, sur la rivière de Sèvre (2) au confluent de la Moine (3). Avant la révolution, elle était la limite de la partie de la province de Bretagne qui, sur la rive gauche de la Loire, touchait au Poitou et à l'Anjou.

En 1789, la France ayant été divisée en départements, Clisson fit partie de celui de la Loire-Inférieure, dont Nantes est le chef-lieu. Son territoire présente un angle avancé, qui forme le point de jonction entre ce département et ceux de la Vendée, au Sud, et de Maine et Loire à l'Est.

Un château gothique très-fortifié, regardé jadis comme un des remparts de la Bretagne, domine cette cité, et fut le berceau et le principal fief de l'illustre maison de Clisson. Cette ville bâtie en amphithéâtre, sur des collines et des rochers de granit, qui encaissent les deux rivières de la Sèvre et de la Moine, produit par ses constructions,

---

(1) Six lieues.

(2) Appellée en latin *Separa*.

(3) Sa position et ses sites ressemblent beaucoup à ceux de Tivoli, petite ville antique autrefois *Tibur*, située dans les Appenins, à douze milles de Rome, et que tous les étrangers voyageant en Italie s'empressent de visiter.

dans le goût des *fabriques* italiennes, des lignes d'architecture aussi agréables que pittoresques.

En 1793, l'insurrection vendéenne fit de cette contrée le théâtre d'une des plus affreuses guerres civiles qui ait jamais ensanglanté la France. Clisson, se trouvant au centre de cette insurrection, fut forcée d'y prendre une part active, perdit beaucoup d'habitans dans l'un et l'autre parti, et fut entièrement réduite en cendres.

Elle possédait, avant cette révolution, cinq églises paroissiales : Notre-Dame (1), la Magdelaine du Temple, St.-Gilles, St.-Jacques et la Trinité. Il existait une collégiale à Notre-Dame, un prieuré à St.-Jacques et un autre à la Trinité; deux couvens, le premier, de bénédictines; le second, de frères mineurs, et de plus un hôpital (2) augmentait encore le nombre de ses édifices.

Le principal commerce de Clisson consistait, comme aujourd'hui, en étoffes com-

---

(1) Cette Paroisse, qui comprenait dans sa circonscription le château et la partie de la ville entourée de murailles, a été rendue au culte, ainsi que celle de la Trinité.

(2) On reconstruit en ce moment l'hôpital, sur les plans de M. Mathurin Pecot, Architecte-voyer de la ville de Nantes.

munes de laine, fabriquées dans les environs, en tanneries et surtout en bestiaux. Un grand nombre de tisserands y fabriquaient de la toile, et en fournissaient les manufactures de Cholet. On évaluait sa population à 2400 individus : maintenant elle s'élève à peine à 1200. La grande quantité d'usines établies sur la Sèvre, procurait du travail à la classe ouvrière; et un grand nombre de nobles, de propriétaires, de prêtres et de bourgeois, y répandait beaucoup d'aisance, en y dépensant leurs revenus.

Les deux petites rivières qui arrosent ce pays fertile, prennent leurs sources dans deux départemens limitrophes : la Sèvre (1), au-dessus de Châtillon, dans la commune de Beugnon, arrondissement de Niort. (Deux Sèvres); et la Moine, dans la foret de Vezins, à l'étang de Péronne. (Maine et Loire). Elles roulent, l'une et l'autre, à travers des rochers de granit, qui opposent des obstacles continuels à la rapidité de leurs cours. Dans la Moine, ces incidens forment à chaque pas

(2) La Sèvre se jette dans la Loire à Nantes, après un cours de dix myriamètres, (vingt lieues) et la Moine dans la Sèvre à Clisson.

de superbes cascades ; dans la Sèvre, beaucoup plus large et plus profonde, la grande différence des niveaux y produit des cataractes d'un effet imposant; elles animent, par leur fougueux bruissement, ce silencieux paysage, dont l'aspect agreste, donne l'idée des premiers âges de la nature. On ne peut se lasser, en suivant ces rivages sinueux et quelquefois escarpés, d'admirer l'heureuse variété de ces sites pittoresques, et le jeu brillant de ces eaux, dont les napes transparentes vont avec impétuosité et fracas, se briser contre des rocs énormes. Tantôt cette rivière traverse en serpentant des prairies couvertes de fleurs, semble s'y reposer de ses violentes chûtes et quitter à regret les ombrages délicieux de ces rives. Des chênes antiques élèvent leurs cîmes majestueuses sur ces bords, se réfléchissent dans le cristal de ces eaux limpides, leurs branches en couvrent légèrement la surface, et s'y baignent quelquefois amoureusement. A chaque pas, des rochers écroulés, d'une proportion colossale, couronnés d'arbres verts, décorés de mousse et de lierre, sont amoncelés à une hauteur prodigieuse, présentent l'image du cahos ; et le sentiment de crainte que fait éprouver le déplacement de ces masses suspendues et menaçantes, contraste singulièrement avec les rians objets qui les environnent.

Il est fait mention de Clisson pour la première fois, dans l'histoire du moyen âge, à l'occasion d'un édit de l'empereur Honorius, fils de Théodose le Grand, (l'an de J. Ch. 409). Cet édit porte, qu'il sera établi une garnison romaine à *Clisson, Légé*, *St.-Etienne du Bois*, *Gétigné*, *Boussai*, *le Bois de Cené* et *Tiffauges*, pour arrêter les progrès des Bretons d'Armorique, et leurs incursions sur le territoire de l'Empire.

Il existe une chartre de 855, par laquelle Gilardus, évêque de Nantes, cède à Actardus, qui le remplaçait sur le siége épiscopal, les doyennés de Clisson et de Retz.

En 1105, fut fondé le monastère de la Trinité de Clisson, par des moines Augustins. Cette maison fut réunie dans la suite aux opulens Bénédictins de Vertou, qui à leur tour la cèdèrent aux Bénédictines fondées par eux : ces religieuses la possédaient encore en 1789, époque de la suppression des corporations religieuses en France (1).

L'an 1223, Olivier II, sire de Clisson, bâtit le château sur un rocher fort élevé, en face duquel se fait le confluent de la Moine et de la Sèvre. Il ne lui donna qu'une seule entrée du côté de la ville ; mais il pratiqua plusieurs poternes et issues masquées, ouvertes sur la campagne par de nombreux souterrains qui dans ces temps barbares, entraient comme une partie principale dans le systême de défense des places fortes. Au 13e. siècle, le manoir de Clisson était célèbre en ce genre, au même degré que les châteaux d'Auray, de Josselin, de la Roche Derrien, de Craon, de Chantocé, de Derval, de Châteaubriant, illustrés aux âges chevaleresques par tant de faits d'armes.

Ce même Olivier II fit aussi fermer la ville de murailles. Clisson devint dès-lors une place régulière : elle arrêtait des armées

---

(1) Ce Couvent fut vendu à des particuliers en 1790, et brûlé en 1763, lorsque tout le pays fut incendié ; ce n'est qu'en 1809 qu'un nouveau propriétaire venu de Paris, et attiré dans ce pays par la beauté des sites, fit réédifier une partie de ces vastes bâtimens. Cette charmante habitation couronne très-agréablement une des colines de Clisson, et la Moine traverse le clos situé à son embouchure.

formidables ; et celles même de nos jours ne l'eussent pas méprisée. Outre la double enceinte de murailles et de fossés qui entouraient le château du côté de la campagne, on y ajouta encore vers la fin du 16e. siècle, des remparts, des bastions, un large fossé extérieur, avec une contrescarpe et des glacis (1) ; ce qui rendait cette place susceptible d'être avantageusement défendue avec de l'artillerie ; mais un abandon de près de deux siècles, avait considérablement ruiné ces fortifications, et en 1793, l'armée de Mayence (2) s'en étant emparée de vive force, acheva de les détruire (3).

---

(1) Il est probable que ces fortifications modernes ont été faites au tems des guerres de la Ligue, parce qu'à cette époque les Etats de Bretagne firent considérablement fortifier ce château, et ils y entretenaient une forte garnison.

(2) On appellait ainsi cette armée, parce qu'elle venait de Mayence, dont elle avait formé la garnison, pendant le siège qu'en firent en 1793, les armées combinées de Prusse et d'Autriche.

(3) Quoique cette forteresse fut ouverte de tous côtés et qu'elle n'offrit plus qu'une ruine, les troupes néanmoins s'y réfugièrent, et pendant la durée de cette guerre, elle en firent une place d'armes où elles n'éprouvèrent jamais ces attaques subites et terribles familières aux Vendéens insurgés.

Pour éviter toute surprise, on plaçait une sentinelle sur la principale tour ; elle pouvait facilement, de cette hauteur, découvrir l'approche de l'ennemi et en donner avis ; car de cette tour, la vue se porte à plus de dix lieues de rayon.

La moitié du donjon s'écroula verticalement vers le milieu du 17e. siècle; on ignore si cette chûte fut l'effet d'un tremblement de terre ou d'un vice de construction ; mais la partie qui est restée debout, doit long-tems encore par sa solidité, défier le tems et ses outrages.

D'anciennes traditions assurent qu'il existait autrefois, sur la plate-forme de ce donjon, un fanal que l'on allumait toutes les nuits pour guider les voyageurs, exposés à s'égarer dans un pays excessivement couvert et où il n'y avait point de grande route. Ce fanal pouvait aussi servir dans les tems de guerre, à donner des signaux, à diriger les troupes qui venaient au secours de la place, et même à la garnison, lorsqu'elle faisait des sorties, ou des excursions dans ce pays, que l'on peut même aujourd'hui comparer à un labyrinthe inextricable.

En 1257, époque de la guerre civile de Jean premier, dit *le Roux ou le duc Mauvais*, contre les barons de Bretagne, ce prince fit raser plusieurs châteaux des domaines du sire de Clisson, surnommé le Vieux, fils du fondateur de ce manoir principal de la seigneurie ; et il échoua honteusement devant cette petite capitale. Mais en 1260, le Duc obtint, sous la protection du roi de France Louis IX, son suzerain, un arrêt du parlement de Paris, qui lui donna la *saisine* du manoir de Clisson et dépendances; ce duc, appuyé des troupes royales, chassa le sire de Clisson, se fit prêter l'hommage-lige (1) et s'empara de la seigneurie. Elle fut rendue au jeune Clisson son fils, par un traîté fait en présence de St.-Louis au mois de février 1262.

En 1320 eut lieu le mariage d'Olivier IV, petit-fils de celui qui fut dépossédé par Jean Ier, avec Blanche de Bouville. Cette union donna naissance à Olivier de Clisson, père du connétable, et à Garnier de Clisson, l'un des plus vaillans chevaliers de son tems et des plus *preud'hommes*, disent les chroniques.

Dans la fameuse guerre de la succession de Bretagne (2), Olivier tenait le parti de Charles de Blois, contre Jean de Monfort, qui disputait à ce dernier la couronne du-

(1) Serment de fidélité.

(2) Le Duc Jean III était mort sans postérité, à Caen, le 30 avril 1341.

cale, et il défendait, en 1343, la ville de Vannes, assiégée par les Anglais (1). Robert d'Artois qui commandait ces étrangers, avait donné plusieurs assauts sans aucun succès, lorsqu'on lui indiqua un endroit de la ville où on ne faisait point de garde; ayant pénétré de ce côté, il prit à dos les assiégés qui combattaient sur les remparts. Dans la confusion de cette attaque imprévue, Clisson, ne pouvant regagner le château, parvint cependant à s'échapper; mais furieux de s'être laissé ainsi surprendre, désespéré des soupçons que l'on pouvait concevoir contre son honneur et son courage, il rassembla promptement des troupes, tomba tout d'un coup sur Vannes et l'emporta au premier assaut. Robert d'Artois y fut blessé mortellement, et Philippe de Valois se vit ainsi délivré de ce prince transfuge, son plus cruel ennemi.

Edouard III, roi d'Angleterre, en eut un tel déplaisir, que pour venger la mort de ce prince, il passa de suite en Bretagne avec une puissante armée, et vint assiéger

(1) L'Angleterre soutenait dans cette lutte Jean de Monfort, et la Cour de France Charles de Blois.

Vannes en personne. Olivier de Clisson défendait vaillamment cette place, lorsque, dans une sortie, s'étant laissé emporter trop loin par sa valeur, il fut fait prisonnier.

Après son échange, il se rendit à Paris, attiré par les fêtes d'un tournois magnifique; Philippe qui l'accusait de s'être engagé secrètement avec le roi d'Angleterre, à servir le parti du comte de Monfort, le fit arrêter, juger et condamner à la décapitation. Ce jugement inique, rendu sans aucunes formalités, fut exécuté aux Halles, à Paris, la veille de St. André, 29 novembre 1344; sa tête fut envoyée à Nantes et arborée sur une lance à l'une des portes de la ville; quatorze chevaliers Bretons et Normands qui l'accompagnaient, eurent le même sort; mais leur mort fut cruellement vengée par Geoffroy d'Harcourt, qui, accusé de la même défection, parvint cependant à se sauver en Angleterre.

Dès qu'Edouard eut connaissance de cet événement, il rompit la trève qu'il avait précédemment faite avec Philippe, et, vivement sollicité et conduit par Geoffroy, il débarqua en Normandie avec une nombreuse armée, et commença cette guerre, qui fut si funeste à la France, par le ravage de ses plus belles provinces et la désastreuse journée de Crécy (1).

De cet infortuné seigneur et de Jeanne de Belleville, son épouse, naquit, au château de Clisson, en 1336, le héros de cette maison, l'illustre Olivier de Clisson, le frère d'armes de Duguesclin, et son successeur dans la haute dignité de Connétable de France. Il avait à peine sept ans, lorsque sa mère apprit, en Bretagne, la mort tragique de son époux. C'était le siècle des femmes courageuses; loin de s'abandonner à la douleur et aux larmes, elle ne respira que la vengeance. Elle rassembla aussitôt ses amis, leva des troupes, se mit à leur tête, attaqua et surprit plusieurs châteaux qui tenaient pour Charles de Blois, et, n'écoutant plus que la rage qui l'animait, elle ne fit aucun quartier aux vaincus. Bientôt ses bannières sanglantes répandirent au loin la terreur, tout fuyait devant elle; et Charles de Blois fut obligé de réunir toutes ses for-

(1) Village situé près de la rivière de Somme, en Picardie. Cette bataille se donna le 26 août 1346.

ces pour arrêter les progrès d'un ennemi aussi dangereux.

Cette femme extraordinaire, voyant sa troupe trop faible pour résister à l'armée nombreuse que l'on faisait marcher contre elle, prit l'étonnante résolution d'armer des vaisseaux, elle combattit sur l'Océan avec la même intrépidité, coula à fond tout ce qu'elle rencontra de vaisseaux français, effectua plusieurs descentes sur les côtes, et partout où elle se montra, elle porta l'effroi et la mort. Le jeune Olivier, quoique d'un âge fort tendre, ne quittait point sa mère dans les combats. Elle le voulait ainsi, pour habituer ses jeunes esprits au danger et aux horreurs de la mêlée. On peut dire qu'il reçut d'elle, dans ces leçons de carnage, ce caractère fier et implacable, cette bravoure surnaturelle, mais souvent féroce, qui en fit le guerrier le plus redoutable de son tems.

Le Roi, pour mettre un terme aux fureurs de cette héroïne, fut contraint de confisquer ses biens et de la bannir du royaume. N'ayant plus alors de ressources pour faire la guerre, car elle avait vendu tous ses bijoux pour la continuer, elle se retira à Hennebont, auprès de la comtesse de Montfort (1), qui l'accueillit avec l'intérêt et la distinction qu'inspiraient ses malheurs et son grand courage.

La Comtesse prévoyant que le jeune Clisson serait un jour d'un grand secours à son fils, qui était du même âge, eut soin de les tenir ensemble, et de leur faire donner la même éducation. Clisson et sa mère se ressentirent des bienfaits de cette princesse, et se trouvèrent bientôt en état d'oublier la perte de leurs biens. Le roi d'Angleterre témoigna aussi sa générosité à leur égard, et les remit en possession de plusieurs places.

En 1349, le comte de Monfort, devenu duc de Bretagne, par la mort de son père, passa en Angleterre avec Clisson. Edouard combla de richesses ce dernier, et le renvoya en Bretagne, en 1357, dans un brillant équipage.

---

(1) Cette femme célèbre conduisait la guerre et les affaires en l'absence de son époux, prisonnier dans la tour du Louvre, avec un courage et une prudence fort extraordinaires. C'est à son habileté que Jean IV, son fils, dit le Conquérant, dut en partie la possession du duché de Bretagne.

Il s'y fit bientôt remarquer par de beaux exploits; il eut la plus grande part à la gloire de la fameuse journée d'Auray, où le brave et malheureux comte de Blois perdit le duché avec la vie. Au commencement de l'action, Clisson reçut un coup de lance qui lui creva un œil, ce qui ne l'empêcha point de continuer le combat et de revenir le dernier de la poursuite des fuyards. La veille de cette bataille, donnée le 29 septembre 1364, le comte de Montfort et les capitaines anglais, qui étaient dans son armée, étaient d'avis d'attaquer sur-le-champ Charles de Blois qui arrivait, pour ne point lui donner le tems de se reposer, et de se fortifier dans un poste avantageux. Clisson repoussa avec dédain cette proposition, et par un scrupule chevaleresque, preuve d'un grand cœur, il représenta avec force qu'il y avait peu de gloire à vaincre des ennemis surpris et fatigués; qu'il fallait les combattre rafraîchis et dans un terrain égal, pour leur ôter tout sujet d'excuse; que la victoire, qui ne serait due qu'à leur valeur, en serait plus honorable. Le Comte se rendit à ses raisons et attendit au lendemain.

Le brave Duguesclin, qui combattait dans l'armée de Charles, fut fait prisonnier dans cette bataille donnée contre son avis, après avoir seul et long-tems soutenu tous les efforts de l'armée victorieuse.

Le roi Jean (1), par suite d'un traité fait avec le roi d'Angleterre, restitua à Clisson les biens qui lui avaient été confisqués. Edouard III lui donna également, en 1359, main-levée de tous ceux qui lui étaient échus par la mort de Jeanne de Belleville, sa mère : elle s'était remariée, en 1349, au sire de Bertelée, dans l'espérance que ce brave chevalier contribuerait à la remettre en possession de ses biens.

Le comte de Montfort devenu, par la victoire d'Auray, seul duc de Bretagne, sous le nom de Jean IV, envoya Clisson, en 1366, auprès de Charles V.

Ce Roi, qui savait apprécier les hommes, lui fit l'accueil le plus flatteur, et chercha, par tous les moyens possibles, à l'attirer à son service; mais les caresses de ce prince ne pûrent gagner Clisson, ni lui faire ou-

(1) Il mourut à Londres, le 8 avril 1364.

blier la mort cruelle de son père, toujours présente à son esprit.

Il retourna en Bretagne, et c'est à cette époque que commencèrent ses brouilleries avec Jean IV, et son aversion pour la nation anglaise : voici quelle en fut l'origine.

Le Duc, dont l'amitié ou la haine ne connaissait point de bornes, sacrifiait tout pour marquer sa reconnaissance aux Anglais qui l'avaient servi, et il leur avait accordé des biens considérables.

Clisson qui supportait impatiamment la faveur dont ils jouissaient à la cour de ce prince, lui demanda un jour la seigneurie du Gâvre, voisine de sa terre de Blein ; le Duc lui ayant répondu qu'il en avait disposé en faveur de Jean Chandos, Clisson, plein de colère, lui reprocha qu'il oubliait ses vrais serviteurs pour ne penser qu'aux étrangers. Il jura que jamais Anglais ne serait son voisin, partit aussitôt suivi d'une troupe de gens de guerre, mit le feu au Gâvre, et en fit emporter les pierres à son château de Blein, qu'il augmenta avec ses débris.

Le pouvoir du Duc n'était pas encore assez bien affermi, pour qu'il ne dissimulât pas cette offense; il chercha même à regagner ce fougueux guerrier. Jean Chandos, s'apercevant que le Duc était peu disposé à lui faire rendre justice, eut recours au prince de Galles, qui était l'objet de la vénération de tous les chevaliers du siècle. Ce Prince écrivit à Clisson et blâma fortement sa conduite; Clisson prit ces reproches pour une insulte, et envoya défier le Prince jusques dans son palais.

Par le traité de Guerrande, qui avait pacifié la Bretagne, le Duc devait être mis en possession de Châteauceaux, appartenant à Clisson; il avait employé tous les moyens de douceur pour être satisfait sur cet article; mais toujours refusé, il crut son autorité blessée et fit emporter la place par ses troupes; Clisson furieux rompit entièrement avec ce prince, se déclara pour Jeanne de Penthièvre, veuve de Charles de Blois, dont le parti se maintenait encore en quelques endroits de la Bretagne. Cette princesse le nomma son lieutenant, et la rapidité de ses conquêtes apprit bientôt au Duc tout ce qu'il devait craindre de l'habileté d'un tel capitaine; aussi mit-il tout en œuvre pour le regagner et il en vint à bout.

Il crut également prudent d'éloigner de ses Etats un homme dont les emportemens lui étaient si funestes : il le chargea, en 1369, d'une seconde ambassade à la cour de France. Sa mission était d'obtenir la restitution de différentes terres qui appartenaient au Duc, et que Charles V retenait sous divers prétextes; mais lorsque Clisson pressait la conclusion de cette affaire, et donnait les assurances les plus positives de la fidélité de son maître, on apprit à la cour la trahison de Jean IV, qui, toujours ami des Anglais, venait de traiter avec Edouard et de donner passage à ses troupes. On se plaignit amèrement à Clisson de cette fourberie; ce chevalier, indigné qu'on lui eût fait jouer un personnage si éloigné de son caractère, ne voulut pas servir davantage un prince dont la conduite était si équivoque : dès ce moment il prit des engagemens avec le Roi, et se dévoua constamment aux intérêts de la France.

Pour prouver son zèle, il leva de suite, en Bretagne et à ses frais, une nombreuse compagnie de gens d'armes, rassembla un grand nombre de chevaliers et d'écuyers, et, accompagné de la sorte, il alla joindre Bertrand Duguesclin, qui guerroyait pour le roi en Normandie. Le Connétable reçut Clisson avec beaucoup de joie, et conçut pour lui une si haute estime qu'il le fit son frère d'armes : cette alliance eut lieu à Pontorson, le 24 octobre 1370.

Depuis cette époque jusques à celle de sa nomination à la dignité de Connétable de France, c'est-à-dire pendant l'espace de dix ans, Clisson fit aux Anglais une guerre opiniâtre et heureuse. Il contribua puissamment à les chasser du Poitou, de la Normandie, de la Bretagne et d'une partie de la Guyenne. De beaux faits d'armes illustrèrent sa bravoure extraordinaire; d'audacieuses entreprises, conduites avec une grande prudence et toujours couronnées du succès, lui donnèrent la réputation d'un des plus grands capitaines de son siècle. Il se montra terrible à ses ennemis, autant par son caractère implacable que par sa rare habileté; Jean IV en fit la funeste expérience, car ce Duc ayant forcé le Roi à lui déclarer plusieurs fois la guerre, Clisson se rendit maître de presque toute la Bretagne, et l'obligea deux fois à chercher un asile en Angleterre. Il est probable que ce Prince ne serait jamais remonté sur le trône, si le projet de Charles V, de confisquer ce duché pour le réunir à sa couronne, n'avait soulevé tous les Bretons, qui, dans cette conjoncture, préférèrent rappeler leur légitime souverain.

Le 13 juillet 1380, Bertrand Duguesclin mourut au siège de Châteauneuf de Randon, dans le Gévaudan. La France, en perdant ce héros accompli, perdit aussi, le 16 septembre suivant, Charles V, le plus sage de ses rois.

Charles VI, se conformant aux intentions que son père avait manifestées en mourant, donna l'épée de Connétable à Clisson; et ce qui ajoute encore à l'honneur qu'Olivier reçut de son souverain dans cette circonstance, c'est que Louis de Sancerre, le sire de Couci, le maréchal de Blainville, et tous ceux qui pouvaient prétendre à cette charge, par leur rang et leur grand mérite, la refusèrent et désignèrent unanimement Olivier, comme le plus digne de succéder à Duguesclin (1).

---

(1) Clisson fut le 82e. Connétable de France. On en compte cent

Le premier emploi qu'il fit de sa charge, fut d'établir la plus sévère discipline parmi les gens de guerre, et de conduire les troupes à Rheims pour le sacre du Roi : cette cérémonie fut célébrée le 4 novembre 1380.

En 1382, le connétable de Clisson gagna, en présence du Roi, la fameuse bataille de Rozebecq, contre les Flamands, qui perdirent dans cette défaite plus de trente mille hommes, et en laissèrent vingt-cinq mille sur le champ de bataille.

Cinq ans après cet événement, le duc Jean IV ayant eu avis que le Connétable traitait secrètement, en Angleterre, de la rançon de Jean de Bretagne, comte de Penthièvre, fils de Charles de Blois, pour lui faire épouser sa fille Marguerite, fut tellement effrayé de ce projet, que, s'imaginant que Clisson en voulait à sa couronne, qu'il avait déjà tant de fois mise en péril, prit la résolution de se défaire de cet homme dangereux, dont l'ambition et la puissance pouvaient appuyer victorieusement les prétentions de son gendre à la couronne ducale.

---

deux depuis le commencement de la monarchie jusqu'à celui de Louis XIII ; Lesdiguières fut le dernier Connétable.

Pour attirer le Connétable en Bretagne et s'assurer de sa personne, il convoqua les Etats sous différens prétextes. Ils se tinrent à Vannes, au château de Lamotte, et, lorsque les séances furent terminées, le duc donna un repas splendide aux seigneurs. Le lendemain 26 juin 1387, le Connétable, qui ne le cédait point à ce prince en somptuosité, voulut également traiter tous les chevaliers; son intention était de partir incontinent après ce repas, pour aller coucher à Tréguier, mais le dîner fut prolongé par l'arrivée du duc; il se mit à table, parla à tout le monde avec une bonté et une familiarité qui charmèrent les convives; il congédia ensuite ces seigneurs, excepté le Connétable, le sire de Beaumanoir et quelques autres qu'il retint, en les priant de venir visiter le château de l'Ermine, qu'il faisait bâtir. Ne se défiant de rien, ils ne crurent pas devoir refuser cette satisfaction à ce prince, qui, depuis quelque tems, leur témoignait la plus grande amitié; ils le suivirent donc au château, et après avoir parcouru tous les appartemens, après avoir été au cellier où le duc leur fit goûter son vin, il les mena à la principale tour, pria le Connétable d'y entrer, de la bien examiner et de lui dire ce qu'il en pensait, étant l'homme du royaume qui s'entendait le mieux en fortifications, afin, ajouta-t-il, que son avis pût lui servir de règle ; il s'excusa de ne point l'accompagner et lui dit que, pendant qu'il ferait cette visite, il allait s'entretenir en bas avec le sire de Laval, à qui il avait quelque chose à dire en particulier. Le Connétable ne soupçonnant aucune trahison, et pressé de partir, monta avec précipitation ; mais lorsqu'il fut au second étage, des gens armés, qui étaient en embuscade, se jettèrent sur lui, pendant que d'autres fermaient les portes : ils le traînèrent dans une chambre fort obscure et l'accablèrent sous le poids d'une triple chaîne.

Les écuyers que le duc avait chargés de ses ordres, les exécutèrent avec beaucoup de barbarie ; un seul cependant montra un peu d'humanité en se dépouillant de sa robe pour la donner au Connétable, qui, vêtu légèrement, aurait eu beaucoup à souffrir de la fraîcheur du lieu (1).

---

(1) Cette action louable sauva, quelques années après, la vie à celui qui l'avait faite, car ces écuyers étant tombés entre les

Quand le sire de Laval entendit du bruit et fermer les portes, il commença à craindre quelque chose de sinistre, et à trembler pour son beau-frère, car, venant à regarder en cet instant le Duc, il aperçut beaucoup d'altération sur son visage : il se hasarda à lui demander s'il n'avait pas quelques mauvais desseins sur le Connétable? Le duc, pour toute réponse, lui dit qu'il savait ce qu'il avait à faire, lui ordonna de monter à cheval et de se retirer sur-le-champ. Le sire de Laval protestait qu'il ne partirait point sans Clisson, lorsque Beaumanoir survint. Ce dernier ne voyant pas le Connétable s'informa avec inquiétude de ce qu'il était devenu. Le duc, que sa passion transportait, s'avança contre lui la dague à la main et voulut l'en frapper au visage; Beaumanoir, qui était de sang-froid, mit un genou en terre, et supplia le duc de ne point se déshonorer par une action que tout le monde condamnerait. *Or va,* répliqua le duc, *tu n'auras ne pis, ne mieux que lui.* On

---

mains du Connétable, il les poignarda lui-même, excepté celui qui avait eu pour lui ce bon procédé, qu'il renvoya avec une récompense.

conduisit aussitôt, par son ordre, Beaumanoir dans la tour, où il fut enchaîné comme le Connétable.

Toute la Bretagne retentit bientôt de la nouvelle de cet événement; il souleva tous les Bretons, et il ne fut plus question, partout, que d'aller assiéger le duc dans son château de l'Ermine, pour tirer vengeance de ce noir attentat; car jamais perfidie ne parut plus indigne d'un souverain, et ne fut plus généralement blamée : aussi était-elle sans exemple dans un tems où non-seulement les princes, mais les moindres gentilhommes ne connaissaient point de sûreté plus inviolable que leur parole.

Le duc, qui ne voulait point borner son ressentiment à l'emprisonnement de son ennemi, fit venir Bazvalen, qui avait toute sa confiance, et à qui il avait donné la garde du Connétable; il le chargea de le faire coudre dans un sac et de le noyer à l'heure de minuit. Bazvalen, que cet ordre révoltait, fit quelques observations, elles furent fort mal reçues, et le duc lui réitéra l'ordre d'obéir, sous peine de la vie.

Après que le duc se fut bien assuré que Clisson ne pouvait plus échapper à la mort, il se mit au lit, espérant à son réveil goûter le plaisir que devait lui donner une vengeance satisfaite et dont il était depuis long-tems avide ; mais quand le repos eut un peu ralenti les premiers mouvemens de sa colère, son esprit fut cruellement tourmenté par les diverses réflexions qu'il fit sur le rang de sa victime et sur les conséquences de cette infame action. Il passa la nuit dans un grand combat intérieur, et, dès la pointe du jour, ayant horreur de son crime, il envoya chercher Bazvalen : aussitôt qu'il l'aperçut, il lui demanda, avec empressement, s'il avait exécuté ses ordres ? Bazvalen répondit qu'il avait obéi ponctuellement. *Quoi*, s'écria le duc, *Clisson est mort !* et lançant à cet écuyer des regards terribles, il lui ordonna de se retirer et de ne plus paraître devant lui. Il s'abandonna ensuite à la plus amère douleur et aux plus violens remords ; il s'enferma, ne voulut voir personne, ni prendre aucune nourriture ; on ne l'entendait que gémir et pleurer.

Bazvalen, informé de l'affliction de son maître, ne voulut pas lui laisser ignorer plus long-tems qu'il avait osé lui désobéir. A cette nouvelle, le duc, pleurant de joie, embrassa cet estimable serviteur, et lui promit de le récompenser dignement du service qu'il lui avait rendu avec tant de prudence et de discrétion.

Le sire de Laval, profitant de cet heureux changement, obtint enfin du duc, après les plus pressantes sollicitations, la liberté du Connétable, moyennant une rançon de cent mille francs et l'abandon des villes et châteaux de Josselin, de Lamballe, de Broon, de Jugon, de Blein, de Guingamp, de la Roche Derrien, de Chastel Audren, de Châteaugui et de Clisson (1).

Quoique ces conditions fussent fort dures, puisqu'elles enlevaient au Connétable ses plus beaux appanages et presque toutes ses places fortes, il fut cependant contraint d'y souscrire, pour se tirer, le plutôt possible, des mains d'un ennemi aussi cruel. A peine fut-il délivré de sa prison, qu'il se rendit en deux jours à Paris, suivi d'un seul page. Il se jeta aux genoux du roi, lui demanda vengeance de l'affront qu'il avait reçu; et

(1) Le Connétable avait fait achever les remparts de cette dernière ville, commencés par son tris-aïeul, Olivier II; on en voit encore aujourd'hui les restes. Il avait aussi beaucoup augmenté les fortifications du château.

Charles VI lui promit d'assembler les pairs du royaume, pour lui faire rendre justice.

Mais Clisson, qui ne trouvait point ce moyen assez prompt pour venger son outrage, courut aux armes, fit la guerre au duc, s'empara de plusieurs places, reprit presque toutes celles qu'il avait été dans la nécessité de céder, et conclut à Moncontour, le 20 janvier 1388, le mariage de Marguerite sa fille avec le duc de Penthièvre. Les nôces furent célébrées au château de Clisson avec la plus grande magnificence.

Le duc de Bretagne, mandé par le roi, fut obligé d'aller à Paris pour se justifier, et de rendre au Connétable tout ce qu'il avait exigé de lui dans la prison de l'Ermine. Ce n'est pas sans peine que le roi parvint à obtenir, au moins en apparence et pour quelque tems, la réconciliation de ces deux furieux ennemis.

Le 2 mai 1389, le Connétable partit du château de Clisson, pour se trouver le 7 du même mois à St.-Denis, aux obsèques que Charles VI fit faire pour le Connétable Duguesclin. Le deuil fut mené par Clisson, en sa double qualité de Connétable et de frère d'armes de l'illustre défunt.

En 1392, le roi étant à Tours, le duc de Bretagne s'y rendit pour donner des explications sur sa conduite, relativement à ses liaisons avec les Anglais; et, dans le traité qu'il conclut avec le roi, ses différens avec le Connétable furent définitivement réglés et accommodés. Il donna à Clisson plusieurs seigneurs en ôtage, jusqu'à parfait remboursement des sommes qu'il lui avait extorquées par la violence (1).

La nuit du 13 au 14 juin de la même année, il arriva à Paris un événement dont les suites plongèrent la France dans de grands malheurs : Pierre de Craon, qui avait été banni de la cour, attribuait sa disgrace au Connétable, et, pour s'en venger, il résolut de le faire assassiner. Il s'était retiré dans son château de Sablé en Anjou; de-là, il fit partir pour son hôtel à Paris (2), plusieurs aventuriers qui s'y rendirent les uns après

---

(1) Les historiens du tems disent que le Connétable mena avec lui à Tours une suite si nombreuse et qu'il y fit une si grande dépense, qu'il lui en coûtait quatre cents dix écus par jour.

(2) Cet hôtel était situé rue de la Verrerie. Après cet assassinat, il fut rasé et l'emplacement donné à la paroisse Saint-Jean, pour y faire un cimetière; ce cimetière est aujourd'hui le marché Saint-Jean.

les autres ; il y vint lui-même fort secrètement vers les fêtes de la Pentecôte, et s'y tint caché avec tout son monde, jusqu'à la fête du Saint Sacrement, faisant épier par des émissaires l'occasion d'exécuter l'attentat qu'il avait médité. Ce même jour, le roi avait tenu cour plénière à l'hôtel St.-Paul, et donné une fête qui s'était prolongée fort avant la nuit. Le Connétable en sortit à une heure du matin, pour se retirer à son hôtel, près du Temple (1).

Dès que Craon, qui s'était posté sur son passage, au carrefour Sainte-Catherine, l'eut aperçu, il lui cria de se préparer à mourir, et, après avoir écarté les domestiques qui l'accompagnaient et éteint les flambeaux qu'ils portaient devant leur maître, il commença avec tous ses gens à le frapper rude-

(1) Cet hôtel était situé rue du Chaume, en face celle de Braque. On en voit encore aujourd'hui deux tourelles, qui font partie de l'hôtel Soubise, et les girouettes sont aux armes de Bretagne. Il fut vendu pour la somme de 16,000 liv. par Philibert de Babou, évêque d'Angoulême, à François, duc de Guise ; et en 1556, Charles de Guise, cardinal de Lorraine, acheta de Bisson, conseiller de la Cour, l'hôtel de Laval, bâti au coin de la rue de Paradis et de celle du Chaume, et séparé de l'hôtel de Clisson par un cul-de-sac qui aboutissait à l'hôtel de la Rocheguyon.

(*Antiquités de Paris, par H. Sauval*, *t.* 11, *p.* 119.)

ment de tous côtés; le Connétable, qui n'avait qu'une cuirasse sous son habit et un couteau de deux pieds de long, se défendit pendant quelque tems avec beaucoup de vigueur; mais il reçut tant de coups, et, entre autres, un si violent sur la tête, qu'il tomba de cheval dans la boutique d'un boulanger, dont la porte était entr'ouverte. Son assassin l'ayant cru mort, s'enfuit au même instant de Paris avec ses complices, et se réfugia auprès du duc de Bretagne, son parent, ce qui donna lieu de penser que ce Duc n'était pas étranger à cette affaire et pouvait bien l'avoir suscitée.

Le Roi allait se mettre au lit, lorsqu'il fut informé de ce qui venait d'arriver au Connétable; il accourut de suite chez le boulanger où il trouva Clisson baigné dans son sang, mais respirant encore; il le fit panser par ses chirurgiens, qui, après avoir visité ses plaies, déclarèrent qu'aucune n'était mortelle. Charles VI en eut une extrême joie, et dit au Connétable de ne songer qu'à se guérir promptement, qu'il se chargeait du soin de la vengeance. Aussitôt il ordonna au prevôt de Paris de poursuivre les meurtriers, et Craon ne fut manqué à

Chartres que de quelques heures. Son procès lui fut fait par contumace, il fut condamné à mort, tous ses biens confisqués, et les maisons qu'il avait à Paris furent rasées.

Un page et deux de ses écuyers ayant été atteints, furent ramenés à Paris et décapités, après avoir eu le poing coupé sur le lieu de l'assassinat. Le concierge de l'hôtel de Craon eut le même sort, et on pendit leurs corps au gibet.

Le Roi écrivit au duc de Bretagne pour qu'il lui livrât le coupable; mais outré de la réponse évasive de Jean IV, et pour le punir de sa désobéissance, il résolut de marcher en Bretagne à la tête de son armée. Les ducs de Berri et de Bourgogne, ses oncles, firent tous leurs efforts pour le détourner de ce projet; car ces Princes étaient jaloux du pouvoir et de la fortune de Clisson, et lui portaient une haine secrète (1).

---

(1) Ce fut à cette époque que le Connétable fit son testament. Outre ses héritages, qui étaient considérables, il avait 1,700,000 livres argent comptant, somme immense pour ce tems-là. Ses dispositions ayant fait connaître ses richesses, elles lui firent beaucoup d'envieux, et entr'autres les ducs de Berri et de Bourgogne, qui ne purent jamais lui pardonner d'être plus riche qu'eux.

Lorsque le Connétable fut en état de monter à cheval, le Roi prit la route du Mans, où il avait donné rendez-vous à ses troupes. Après avoir séjourné quelque tems dans cette ville, il en sortit le 5 août 1392; mais, à un quart de lieue de Sablé, ce prince, qui était fort affaibli par la fièvre et la chaleur qui était excessive, fut tellement effrayé de l'apparition d'un homme mal vêtu, qui se jeta à la bride de son cheval, en lui criant de ne pas aller plus avant, qu'il était trahi, qu'il en perdit la raison, et devint si furieux, que l'on fut obligé de le lier pour le ramener au Mans. Sa démence augmenta encore par un accident qui lui arriva dans un bal; il eut cependant quelques bons intervalles, mais cette cruelle maladie remplit son règne d'orages, et plongea la France, pendant trente-six ans, dans des troubles affreux, qui ne s'appaisèrent qu'à l'époque du sacre de Charles VII en 1429.

Les ducs de Bourgogne et de Berri, devenus régens du royaume, profitèrent de leur autorité pour persécuter le Connétable; ils le dépouillèrent de toutes ses charges, le firent condamner à une amende de cent trente mille marcs d'argent et au bannissement perpétuel : ils donnèrent même des ordres pour le faire arrêter; mais Clisson, prévenu à tems, se retira en Bretagne.

Le Roi, étant revenu en santé, apprit avec douleur la manière dont on avait traité le Connétable; il fit rapporter les arrêts qu'on avait rendus contre lui, et ne cessa de lui témoigner le plus vif intérêt dans toutes les occasions où il pouvait encore manifester sa volonté.

Le duc de Bretagne crut la circonstance favorable pour venir aisément à bout d'un homme tout-à-fait tombé dans la disgrace, et il se prépara à lui faire une guerre à outrance; mais il se trompa, Clisson sut lui résister avec avantage : car, indépendamment des secours qu'il reçut de ses amis de France, il était maître de plus d'un quart de la Bretagne.

Ils se firent de part et d'autre beaucoup de mal et furent plusieurs fois contraints de suspendre les effets de leur animosité, par des traités qu'ils n'observaient jamais. Cet état de choses dura jusqu'en 1395; alors le duc fatigué de cette guerre civile, fit des reflexions sérieuses sur sa situation; il était vieux et ses enfans fort jeunes ; il voyait son pays ruiné et la plus grande partie des seigneurs dans les intérêts du connétable ; toutes ces raisons le déterminèrent à faire franchement sa paix avec lui. Il lui écrivit comme au compagnon de son enfance, pour lui demander une entrevue. Clisson étonné, doutait encore des véritables intentions du duc, et, pour preuve de sa bonne foi, il exigea qu'il lui envoyât son fils aîné en ôtage. Lorsque Clisson vit arriver à Josselin ce jeune prince, qui n'avait pas encore atteint sa sixième année, il fut si touché de cette marque de confiance, qu'il ne voulut point le laisser descendre de cheval, et le ramena lui-même sur-le-champ à son père, qui était à Vannes au château de Lamotte. Le duc, ravi de revoir son fils, et vaincu par la générosité de Clisson, ne put retenir ses larmes et courut l'embrasser. Ils s'enfermèrent deux heures sans témoins, pour régler leurs différens, et furent tellement satisfaits l'un de l'autre, qu'ils se réconcilièrent sincèrement.

Dans les premiers jours de novembre 1339, le duc Jean IV, dit le conquérant, mourut à Nantes, et trouva dans le tombeau, le repos qu'il n'avait pu goûter un seul instant sur un trône qu'il avait été obligé de conquérir plusieurs fois. Il laissa, par son testament, le gouvernement du duché et de ses enfans, pendant leur bas âge, au connétable et au duc de Bourgogne. Clisson prouva qu'il était digne de cette insigne confiance; car Marguerite sa fille, ayant voulu lui insinuer de se défaire de ses pupilles, pour mettre la couronne ducale sur la tête de Jean de Blois son époux, il fut si indigné de cette horrible proposition que, quoique retenu dans son lit, par une maladie, il se leva avec fureur, et, saisissant une pique, il eût tué sa fille, si elle ne se fût hâtée de sortir de sa chambre et de descendre l'escalier, ce qu'elle fit avec tant de précipitation, qu'elle se rompit une cuisse dont elle demeura boiteuse le reste de sa vie.

Le 22 mars 1401, Jean V, duc de Bretagne, âgé de douze ans, fit son entrée solennelle dans la ville de Rennes, et fut fait chevalier par Olivier Clisson.

Le 5 février 1407, le Connétable fonda, par son testament, un chapitre de chanoines dans l'église de Notre-Dame de Clisson, et dota cette petite collégiale de sa terre et baronie de Montfaucon, ne se réservant pour lui et ses successeurs, que la collation des prébendes et bénéfices; il fonda aussi à Clisson, par un codicile en date du 6, le couvent des Cordeliers.

Le 21 avril 1407, Olivier de Clisson, l'homme de son tems qui avait joui de la plus grande célébrité et possédé les plus grandes richesses, termina, dans son château de Josselin en Bretagne, sa vie agitée et laborieuse (1) Il était alors brouillé avec le duc Jean V, comme il l'avait été avec son père. Ce ne fut que par l'entremise de plusieurs seigneurs et une forte contribution, que ce duc, qui venait l'assiéger dans Josselin, se détermina à le laisser mourir en paix. Il fut sincèrement regretté de toute la France qu'il avait protégée et sauvée, en continuant l'ouvrage de Duguesclin; abhorré des ennemis extérieurs et surtout des

(1) Agé de 71 ans. Le même jour que le Connétable mourut, le comte de Porhoet, fils aîné du vicomte de Rohan et de la seconde fille du Connétable, fut marié à Marguerite de Bretagne, sœur du duc, dans la chapelle du château, à Nantes. Le vicomte donna à son fils le tiers de tous ses biens, dans lesquels les terres de Clisson et de la Garnache furent expressément comprises. On ignore comment la terre de Clisson revint aux Penthièvre, mais ils la possédaient en 1420.

Anglais auxquels il avait fait une guerre d'extermination et qui lui donnèrent le surnom de *boucher;* redouté, haï de ses vassaux, qu'il avait écrasés d'impôt et de corvées ; également craint et respecté à la cour de France et de Bretagne ; l'objet de l'enthousiasme des soldats, qui admiraient autant sa bravoure (1), qu'ils avaient de confiance dans ses talens. A la gloire d'avoir été un des plus grands-hommes de guerre de son tems, on doit encore ajouter, que personne ne porta plus loin le dévouement à sa patrie, et ne montra plus de fidélité dans ses engagemens. Il conserva, dans un âge avancé, une vigueur infatigable, et jamais aucun danger, ni aucun revers, ne purent ébranler son indomptable courage.

A peine le Connétable eut-il fermé les yeux, que Marguerite de Penthièvre, sa fille, qui avait hérité de son ambition et de tous ses ressentimens, se mit en état d'hostilité contre la maison régnante, et après plusieurs entreprises audacieuses, sur l'auto-

---

(1) Dans ces tems où la force physique et l'adresse triomphaient à la guerre, où un général devait avoir les qualités du soldat, on citait comme des prodiges le coup de lance de Duguesclin et le coup de hache d'armes d'Olivier.

rité du duc, qu'elle ne voulait point reconnaître, elle ne tarda pas à lever tout-à-fait l'étendart de la rébellion. Cette femme altière ne pouvait se résoudre à renoncer aux prétentions que ses enfans pouvaient avoir sur le duché de Bretagne (1); elle espérait que la guerre favoriserait ses desseins; mais désabusée par une lutte de sept années, où d'inutiles efforts avaient épuisé tous ses moyens et l'avaient souvent réduite à la dernière extrémité, elle conçut le noir projet d'obtenir, par la trahison, ce qu'elle ne pouvait plus espérer par la voie des armes. Dans cette vue, elle se concerta avec ses fils, pour s'emparer par ruse de la personne de Jean V, et le livrer ensuite au Dauphin, (1) qui, à ce qu'il paraît, leur avait promis, à cette condition, de les aider à se mettre en possession du duché.

Pour arriver plus facilement à ce but, le comte de Penthièvre et ses trois frères se rapprochèrent du duc, par des démonstrations de soumission et d'amitié; ils pous-

---

(1) Le duc de Penthièvre, son mari, était mort le 16 janvier 1403.

(2) Qui fut depuis Charles VII.

sèrent la dissimulation jusqu'à lui proposer de cimenter leur union par des engagemens réciproques, ainsi que cela était d'usage dans ces tems; enfin ils se mirent si bien dans ses bonnes graces, que le duc retenait le plus qu'il pouvait auprès de lui, le comte et Charles son frère; plusieurs fois même il les fit coucher avec lui dans son lit. Lorsqu'ils crurent avoir entièrement gagné sa confiance, ils le pressèrent de se rendre à Chanteauceaux où il était invité avec instance par leur mère, pour y jouir des plaisirs de la chasse, et s'y aboucher avec les ambassadeurs du Dauphin, que les Penthièvre assuraient devoir s'y rendre.

Le duc, sans aucune défiance, partit de Nantes le 12 février 1420, accompagné de Richard de Bretagne son frère, et d'une suite assez nombreuse; il alla coucher au Loroux-Botereaux; le lendemain, après avoir entendu la messe, il se mit en route pour arriver à Chanteauceaux de bonne heure; mais lorsqu'il eut passé la petite rivière de Divette, sur le pont de la Troubarde, les gens du comte jetèrent à l'eau les planches du pont, qu'ils avaient eu la précaution de déclouer d'avance, et séparèrent ainsi le duc de ceux qui le suivaient. Au même instant, Charles sortit d'un bois, à la tête d'un grand nombre de gens armés ; à cette apparition, le duc surpris, demanda ce que cela signifiait. Le comte, en se saisissant de sa personne, lui répondit qu'il le faisait prisonnier de monseigneur le Dauphin. Charles se saisit également de Richard de Bretagne, et tous ceux qui avaient passé la rivière furent faits prisonniers : plusieurs d'entre eux ayant voulu s'opposer à cette violence, furent dangéreusement blessés.

Après qu'on les eut tous désarmés, les Penthièvre en envoyèrent une partie à Chanteauceaux, et ils conduisirent eux-mêmes le duc et Richard à Clisson. Ces prisonniers entrèrent de nuit dans cette ville, les yeux bandés et les jambes liées sous le ventre de leurs chevaux. On leur imposa le plus profond silence en la traversant, de peur que les habitans, émus de compassion, en voyant le duc dans ce pitoyable état, ne fissent quelque tentative pour le délivrer. Deux hommes armés d'une demi-lance marchaient à ses côtés, et avaient ordre de le tuer au moindre mouvement qu'il ferait pour s'échapper.

De Clisson, on les mena à Paluau,

de-là on les fit venir à Chanteauceaux ; et pour faire perdre leurs traces, ils furent transférés dans les châteaux de Noailly, de Thors, de St. Jean d'Angely, du Coudrai, de Salbart, de Bressuire, enfin, ramenés au château de Clisson et étroitement renfermés dans le donjon. Ils y éprouvèrent les traitemens les plus barbares : plusieurs fois les Penthièvre menacèrent le duc de le faire mourir dans les plus cruels supplices, s'il ne renonçait pas à la couronne en leur faveur. Dans cette affreuse situation, le duc promettait tout, pourvu qu'on lui accordât la vie ; et, dans son désespoir, il se recommandait à tous les saints ; il fit même plusieurs vœux, qu'il accomplit très-scrupuleusement aussitôt qu'il eut recouvré sa liberté.

Cependant, la duchesse, fort affligée du malheur de son époux, fit prendre les armes à toute la noblesse et s'empressa de convoquer les Etats. Lorsqu'ils furent assemblés, elle y exposa, avec l'éloquence de la plus vive douleur, toute la perfidie du comte envers son prince. Elle tenait par la main ses deux fils (1), encore bien jeunes, les

(1) François de Montfort et Pierre de Bretagne.

inondait de ses larmes, en priant les Etats de les protéger et de ne point abandonner leur père. Tous les barons, déjà indignés de l'attentat des Penthièvre, furent tellement émus et électrisés par cette scène touchante, qu'ils jurèrent tous, sur la croix, de sacrifier leurs biens et jusqu'à la dernière goutte de leur sang, pour délivrer leur souverain et punir les auteurs de ce crime. Ils coururent aux armes et investirent presqu'en même tems les principales forteresses de ces perfides.

Les Penthièvre, espérant ralentir leur ardeur, firent courir le bruit de la mort du duc (2); mais ce stratagême n'eut aucun succès, et chaque jour, ils apprenaient le siège et la perte d'une place. Chanteauceaux fut si vivement pressé par le comte de Porhoet, que Marguerite, qui s'y était renfermée, fut

---

(1) Ils habillèrent un valet qui ressemblait à Jean V, et le firent mener à la rivière par ceux qui avaient jusques-là conduit le Duc. Le comte de Penthièvre assistait à cette feinte exécution, et le faux Duc, ayant les yeux bandés, fesait en marchant de grands signes de croix, comme pour se recommander à Dieu. Ceux qui le conduisaient disaient par les chemins au peuple, que c'était le Duc qu'ils allaient noyer. Ils firent monter ce faux Duc dans un bateau et le firent descendre la rivière jusqu'à un certain lieu : on ne sait ce qu'il devint.

obligée de capituler, et, pour sauver sa vie, ses fils se virent dans la fâcheuse nécessité de relâcher leur proie.

Jean V sortit du château de Clisson, le 5 juillet. Il se rendit directement à l'armée qui assiégeait Chanteauceaux, et n'y fit pas un long séjour; mais, en partant, il ordonna que le château fût entièrement rasé (1).

De retour à Nantes, son premier soin fut de récompenser tous ceux qui s'étaient généreusement dévoués pour sa délivrance, et, à la sollicitation des parens des coupables, il consentit à leur faire grâce, pourvu qu'ils comparussent aux Etats, pour implorer sa miséricorde. Ce projet d'accommodement leur fut porté au château de Clisson, où ils s'étaient retirés, par le procureur de Nantes, accompagné de plusieurs notaires.

Le comte y souscrivit le 6 août, et donna pour ôtage Guillaume son frère (2) et le château de Paluau; néanmoins n'osant se

---

(1) Il le fit rebâtir ensuite.

(2) Ce jeune seigneur n'avait eu aucune part à ce crime, il en porta cependant la peine, car ôtage d'une parole mal observée, il fut détenu 28 ans en diverses prisons où, n'ayant d'autre consolation que ses larmes, il en répandit avec tant d'abondance, qu'il en perdit presque la vue.

fier à l'assurance du pardon, il ne comparut point à l'époque indiquée, et les Etats assemblés à Vannes, le déclarèrent lui et les siens coupables du crime de félonie et de lèse-majesté. En conséquence, ils furent condamnés à perdre la tête; on ordonna de leur courir sus et leurs biens furent confisqués.

Pour exécuter cette confiscation, la guerre fut résolue contre eux, et Richard, à qui le duc avait donné une partie des biens des Penthièvre, en dédommagement des maux qu'il avait soufferts avec lui dans sa captivité, vint, dès le mois de septembre 1420, mettre le siège devant Clisson. Les assiégés ne se laissèrent pas pousser à la dernière extrémité : ils se rendirent, à condition qu'ils auraient les biens et la vie sauve.

Le duc ratifia ce traité, il donna à Richard l'investiture de cette seigneurie, qui ne retourna plus à la maison de Clisson; et peu d'années après ce grand revers, cette noble famille s'éteignit dans la ligne directe et masculine.

Toutes les places que les Penthièvre possédaient en Bretagne, furent également assiégées et prises; et il ne leur resta, de l'immense héritage que leur avait laissé le Connétable et leur père, fils de Charles de Blois, que les biens qu'ils possédaient dans le Hainaut. Ils eurent encore le chagrin d'être abandonnés du Dauphin, qui, les voyant tout-à-fait dans l'infortune, changea de dispositions à leur égard, et désavoua publiquement leur entreprise.

Ce prince, obligé de défendre ses droits contre tous les partis qui désolaient l'Etat, et qui s'étaient ligués pour lui faire perdre la couronne, se rapprocha de la maison de Bretagne, et, le 8 mai 1421, pour s'attacher Richard et reconnaître le service que ce seigneur lui avait rendu, en retirant Madame la Dauphine de Paris, où elle était demeurée en fort grand danger de la vie, lors de l'épouvantable massacre qui eut lieu le 11 juin 1418 (1), il lui donna le comté d'Estampes pour lui et ses successeurs, ainsi que toutes les terres que Marguerite de Clisson et ses enfans tenaient dans le Poitou. Cette donation fut encore

(1) Les partisans du duc de Bourgogne, à Paris, ayant emprisonné tous ceux qui étaient contraires à leur faction, et qu'ils désignaient sous le nom d'Armagnacs, les massacrèrent tous, sans distinction de rang ni de sexe.

confirmée à Poitiers, au mois d'octobre 1425.

Richard de Bretagne, comblé des bienfaits du Dauphin, se dévoua à sa personne et lui mena de puissans secours, qui contribuèrent beaucoup à faire triompher sa cause.

Le 31 juillet 1431, le duc de Bretagne, étant au château de Clisson, conclut avec la dame de Thouars, qui s'y était rendue, le mariage de Pierre, son second fils, avec Françoise d'Amboise.

La même année, le Duc, qui craignait les entreprises du duc d'Alençon, donna ordre à Jean Labbé, gouverneur des places que le comte d'Estampes possédait dans le Poitou, d'aller avec ses troupes renforcer la garnison de Clisson. Ce capitaine venait de démolir ce qui était resté de masures à Chanteauceaux, afin que l'ennemi ne pût en profiter pour s'y fortifier.

En 1435, la comtesse d'Estampes (1)

---

(1) Marguerite d'Orléans, comtesse de Vertus, fille de Louis de France, duc d'Orléans, assassiné à Paris par le duc de Bourgogne, et de Valentine de Milan. Elle avait épousé Richard de Bretagne.

partit de Clisson pour aller visiter le roi Charles VII, qui se trouvait à Poitiers. Peu de jours après, elle revint dans ce château qui était sa résidence ordinaire : car elle et son époux affectionnaient beaucoup cette habitation et ce pays.

Le 15 février 1438, Richard de Bretagne, comte d'Estampes, avait célébré à Clisson les noces de sa fille Marguerite avec Guillaume de Châlons, fils de Louis, prince d'Orange; et le 3 juin de la même année, ce seigneur mourut dans ce château. Le lendemain, son corps fut transporté, par eau, jusqu'au port de la Fosse, à Nantes(1). Le Duc lui fit faire des obsèques magnifiques.

En 1442, Jean V étant mort, le duc François, son fils, réunit la seigneurie de Clisson au domaine de la couronne ducale. Ce Prince, déchiré par les remords, pour

---

(1) Ce qui prouve que la Sèvre, dans le quinzième siècle, était navigable jusqu'à Clisson ; mais en 1790, ce n'était qu'à l'aide d'une chaussée et d'une écluse à simples portes, que sa navigation se soutenait jusqu'à Monnière. Cette chaussée ayant été détruite pendant les derniers troubles, on ne remonte aujourd'hui cette rivière jusqu'à Vertou, qu'avec beaucoup de peine et à l'aide des marées.

avoir fait périr son frère, Gilles de Bretagne, mourut de chagrin et sans postérité,

Le 19 juillet 1450, Pierre, son frère, deuxième du nom, lui ayant succédé, décéda également sans enfans, le 22 septembre 1457; et le trône échut à son oncle, le célèbre Artur, comte de Richemont, connétable de France, âgé de soixante-quatre ans : le règne de ce grand homme ne fut pas long, car il fut empoisonné et mourut le jour de Noël 1458.

François II, comte d'Estampes et de Vertus, son neveu, lui succéda. Ce prince, qui fut le dernier duc souverain de Bretagne, était né au château de Clisson en 1435; il était fils aîné de Richard, comte d'Estampes, frère de Jean V et d'Artur III.

Dès qu'il eut apprit la mort d'Artur, il vint en Bretagne, accompagné de Marguerite d'Orléans, sa mère, et fit son entrée solennelle à Rennes, le 3 février 1459. La même année il donna à sa mère la terre de Clisson, à laquelle elle n'avait renoncé qu'avec peine (1). Elle y reçut la visite de

(1) Elle mourut à Blois, le 24 avril 1466.

Catherine, sa fille, qu'elle avait mariée au fils aîné du prince d'Orange.

Cette femme célèbre, dont la beauté, l'esprit et la vertu faisaient l'admiration de toute la Flandre, vint en Bretagne complimenter son frère sur son avénement à la couronne.

En 1463, la reine douairière de France, Marie d'Anjou, mère de Louis XI, envoya à Clisson plusieurs reliques que le Duc lui avait demandées, dans l'intention de favoriser la délivrance de la Duchesse son épouse; elle accoucha heureusement dans ce château, le 29 juin, d'un fils qui fut appelé comte de Montfort, et qui mourut le 25 août suivant, malgré tous les vœux et toutes les prières que l'on fit pour sa conservation.

Le Duc fit saisir, en 1464, les deniers qu'un certain abbé Chauvet, délégué du pape Pie II, avait levés en Bretagne, en vendant, d'une manière sordide et scandaleuse, des indulgences pour la croisade; il lui fit défense de prêcher davantage, et employa cet argent à réparer le boulevard de Nantes et les fortifications de Clisson.

François II se plaisait beaucoup à Clisson, soit qu'il y fut attiré par l'agrément des sites, soit qu'il éprouvât fortement ce sentiment qui nous fait trouver tant de charmes dans les lieux qui nous ont vu naître; mais il est probable que l'amour entrait aussi pour quelque chose dans cet attrait; car il avait conçu la plus forte passion pour Antoinette de Villequier, dame de Chollet; c'est sans doute le voisinage de cette ville (1), et l'espoir de voir plus facilement l'objet de sa tendresse, qui le ramenèrent si souvent, et tant qu'elle vécut, sur les bords de la Sèvre, à l'extrémité de son duché.

Il donna de superbes tournois à Chollet et à Clisson; cette dernière ville devint le rendez-vous de tous les plaisirs; les dames et les chevaliers s'y réunissaient de toutes parts; les premières venaient embellir les fêtes par leur présence, et les seconds faire preuve de galanterie et de bravoure, dans des joûtes brillantes qui se donnaient dans les prairies situées sur la rive droite de la Moine, et ce terrain s'appelle encore aujourd'hui *la prairie des guerriers*.

(1) Cette ville était du Poitou.

Les amours du Duc étaient trop publiques pour que la Duchesse pût les ignorer ; et voyant que sa rivale faisait toujours les plus chères délices de son époux, elle s'abandonna au désespoir et mourut au mois de septembre 1469, accablée des chagrins que lui causa cette injuste préférence.

Le Duc, pour satisfaire les vœux de ses sujets, consentit à contracter un second mariage, et, le 27 juin 1472, on célébra dans la chapelle du château de Clisson, ses fiançailles avec la belle Marguerite de Foix, dite *sein de lys*, fille de Gaston le Bon, roi de Navarre, prince de Béarn et comte de Foix.

La même année, Louis XI écrivit au Duc pour se plaindre de la grande quantité de troupes réglées qu'il avait rassemblées à Clisson.

La dame de Villequier étant morte en 1474, le Duc donna la seigneurie de Clisson à Francois, l'aîné des quatre enfans qu'il avait eu d'elle et qu'il aimait tendrement.

Les Etats, assemblés à Vannes, en 1480, voulant faire une chose agréable à leur souverain, lui envoyèrent une députation, pour le supplier de créer baron d'Avaugour, première baronnie de Bretagne, François, son fils naturel, seigneur de Clisson, et, en 1485, le Duc donna encore au baron d'Avaugour le comté de Vertus.

Ce Prince, dont le caractère était excessivement faible, se laissait gouverner aveuglément par ceux qui savaient gagner sa confiance; et son trésorier Landois, qui, de garçon tailleur, était devenu l'homme le plus puissant du duché, avait pris un tel ascendant sur son esprit, qu'il faisait trembler toute la Bretagne. Sa tyrannie et surtout son orgueil devinrent si insupportables à toute la noblesse, que les plus grands seigneurs se liguèrent contre lui. Il avait mis le comble à ses excès, en faisant périr de misère, dans un cachot du château de l'Ermine, le chancelier Chauvin (1). Mais ces seigneurs, ayant échoué dans leur tentative pour perdre ce favori, furent obligés de fuir pour se soustraire à sa vengeance, et ils implorèrent la protection du

(1) C'était un des plus grands magistrats que la Bretagne ait produits. Ses lumières, sa sévère probité et sa fidélité envers son prince, méritaient un autre sort. Il mourut le 5 avril 1482.

roi de France, pour rentrer dans leurs biens, que Landois avait fait confisquer. Louis XI, selon sa politique, voulut mettre à profit ces dissentions, et, voyant le Duc sans enfans mâles pour lui succéder(1), il acheta, par l'entremise de ces seigneurs, à Nicole de Bretagne (2), et à son mari, Jean de Brosses, toutes les prétentions de la maison de Penthièvre sur le duché. Ce traité fut fait en 1479, moyennant la somme de 50,000 liv., et l'assurance qu'il leur donna de les mettre en possession de toutes les places que cette maison possédait autrefois en Bretagne, et dont la ville et le château de Clisson faisaient partie. Charles VIII, ayant succédé à Louis XI (1), fit encore renouveler cet acte de cession en 1485.

Le Duc, pour déjouer les projets de la cour de France sur sa succession, assembla les Etats à Rennes, au mois de février

---

(1) Ce prince n'avait eu de Marguerite de Foix, sa seconde femme, que deux filles, dont l'aînée, Anne de Bretagne, qui lui succéda, était née en 1476.

(2) Elle était veuve du comte de Penthièvre et arrière-petite fille de Jeanne la Boiteuse, épouse de Charles de Blois.

(3) Il mourut le 30 août 1483.

1485, pour leur déclarer que, s'il venait à décéder sans enfans mâles, il entendait que ses filles, Anne et Isabelle, lui succédassent au duché, comme à toutes les autres seigneuries qu'il possédait.

Les Etats, après avoir mûrement délibéré sur cette proposition, qui détruisait les stipulations du traité de Guerrande (1), et l'ordre ordinaire des successions dans le gouvernement de Bretagne, l'adoptèrent cependant, et jurèrent de respecter, à cet égard, les intentions de François II.

Au mois d'octobre de la même année, Charles VIII, ayant appris que le Duc était dangereusement malade, s'approcha de la Bretagne, dans l'intention de recueillir cet héritage; mais le Duc guérit et fut si choqué de la démarche du Roi, que, dès qu'il fut en état d'être transporté, il se rendit à Clisson, pour accélérer sa convalescence; et convoqua auprès de lui, dans cette ville, toute la noblesse du comté Nantais.

Pour résister à Charles VIII avec plus

---

(1) Il était stipulé, par ce traité, que la maison de Monfort venant à s'éteindre dans la ligne masculine, le Duché devait retourner à la maison de Charles de Blois.

d'avantage, il mit dans ses intérêts tous les princes français, qui ne pouvaient supporter le pouvoir que Madame de Beaujeu exerçait, comme régente, sur les affaires et sur la personne du Roi, son frère.

Ces mesures de vigueur et de prudence auraient fait ajourner le dessein de Charles VIII sur la Bretagne, si les seigneurs de Laval, de Rohan, de Rieux, et beaucoup d'autres qui s'étaient ligués contre le Duc, ne l'avaient déterminé à s'emparer du duché, par la promesse qu'il lui firent de favoriser ses armes et de reconnaître ses droits. La jalousie et la haine que ces seigneurs portaient aux favoris qui gouvernaient alors le Duc, les poussèrent à flatter les prétentions de Charles VIII, et à l'appeler à leur secours : car, depuis la mort de Landois, pendu à Nantes (1) à l'insçu du Duc, qui voulait lui faire grace, le prince d'Orange, le comte de Comminges, le cardinal de Foix, frère de la feue Duchesse, et le chancelier de Laville Eon s'étaient tous les quatre emparés de l'esprit de François II, et

(1) Sur la place du Bouffai, le 19 juillet 1485.

gouvernaient despotiquement la Bretagne selon leurs intérêts particuliers.

Pour forcer le Duc à renvoyer ces étrangers, les seigneurs Bretons se liguèrent et prirent les armes et ce qui fut le plus sensible au Duc, dans cette révolte de presque toute sa noblesse, ce fut de voir son fils, le baron d'Avaugour, se joindre aux mécontens pour lui faire la guerre. Le Roi, pour gagner ce seigneur, lui avait offert le collier de son ordre, et c'est en lui témoignant beaucoup d'humeur que le Duc lui permit de l'accepter; mais il lui refusa la permission d'épouser la sœur du vicomte de Rohan : tous ces chagrins réunis, joints au déplaisir qu'éprouvait le baron de se voir déchu, par le crédit de tant d'étrangers, du rang qu'il avait eu jusques-là auprès de son père, le portèrent à se liguer avec ceux qui, dans cette circonstance, faisaient profession de n'avoir, pour but, que le bien public.

Le duc d'Orléans, depuis Louis XII, ne pouvant se résoudre à reconnaître le pouvoir de M. et de Mad. de Beaujeu, qui lui avaient enlevé la régence, favorisait tous ceux que leur intérêt portait à méconnaître leur autorité, et à se soulever pour la leur faire perdre. Dans cette disposition d'esprit, il entra facilement en négociation avec François II, dont il espérait d'ailleurs épouser la fille, Anne de Bretagne, la plus riche héritière de l'Europe; mais Mad. de Beaujeu découvrit ses intelligences ; elle en donna avis au roi, qui craignant que le duc d'Orléans ne prit encore une fois les armes contre lui, donna ordre au maréchal de Gié de l'arrêter. Ce prince en ayant eu avis, partit furtivement de Blois, et vint par Fontevrault se réfugier à Clisson. Il y arriva le 13 janvier 1487.

Aussitôt que le duc de Bretagne eut appris l'arrivée du duc d'Orléans dans cette ville, il envoya le prince d'Orange pour le complimenter et l'inviter à venir à Nantes, où le Duc reçut avec la plus grande distinction cet illustre fugitif.

Ce fut une chose vraiment digne de remarque, de voir l'héritier présomptif de la couronne de France, passer dans le parti du duc de Bretagne avec les principaux seigneurs du royaume, tel que le comte de Dunois et autres ; lorsque le fils unique du duc, et les chefs des principales maisons de Bretagne combattaient dans l'armée française contre leur légitime Souverain.

Le 13 juin 1487, Charles VIII vint mettre le siége devant Nantes ; les troupes qui défendaient cette ville, encouragées par la présence des ducs de Bretagne et d'Orléans, du prince d'Orange et du comte de Dunois, forcèrent le Roi à lever le siége le 5 juillet suivant. Mais il n'en poursuivit pas moi s le projet qu'il avait formé de se rendre maître de toute la Bretagne. En conséquence, il partit le premier juillet d'Ancenis, où était son quartier général, et vint s'établir à Clisson, place très-forte, que l'on regardait comme la clef du duché du côté du Poitou; le baron d'Avaugour, à qui elle appartenait, n'osa lui en refuser l'entrée; mais il trouva mauvais que le Roi s'en emparat et y mit garnison. Le mécontentement qu'il en eut le détermina à se retirer auprès du Duc, son père ; mais il paraît que, par suite d'un arrangement fait avec Charles VIII, il consentit à laisser une garnison française dans ce château, et qu'il reçut en dédommagement une compagnie de cent lances. Le Roi, après avoir séjourné quelques jours à Clisson, en partit avec Monsieur et Madame de Beaujeu, pour se rendre à Châteaubriant.

La garnison que le Roi avait laissée dans Clisson, ne se contenta pas de garder cette place; elle fit encore des courses aux environs et ravagea tout le pays. Pour l'empêcher de s'étendre davantage dans la campagne et arrêter ses exactions et ses brigandages, le Duc fut obligé de lui opposer un grand nombre de gens de guerre, commandés par ses meilleurs officiers.

La guerre continua de part et d'autre avec vigueur, et, dans une bataille que le Bretons livrèrent aux Français près de St.-Aubin-du-Cormier, et qu'ils perdirent le 28 juillet 1488, le duc d'Orléans et le prince d'Orange furent faits prisonniers.

Le 9 septembre suivant, le duc François II mourut à Coiron. Il venait de conclure un traité de paix fort désavantageux avec la cour de France.

Anne, sa fille aînée, lui succéda et fut reconnue duchesse deBretagne. Trois factions, qui, pendant sa minorité, prétendaient disposer de sa main, divisèrent encore la Bretagne (1). Mais la résolution qu'elle prit d'épouser Charles VIII, qui lui faisoit vivement la guerre, mit un terme à toutes ces hostilités; et ce mariage, qui opéra la réunion du duché à la France, eut lieu à Langeais le 6 décembre 1491.

Le Roi se rendit à Nantes avec son épouse, dans le courant d'avril 1492; ils visitèrent le château de Clisson, et, pendant leur séjour dans ce lieu, ils donnèrent des fêtes aux dames et aux chevaliers qui les accompagnaient, ou qui vinrent les y visiter.

Charles VIII, en partant pour sa mémorable expédition de Naples, en 1494, laissa la garde de la Bretagne aux seigneurs de Rohan et d'Avaugour (2).

Le 7 janvier 1499, Louis XII, qui avait succédé à Charles VIII, épousa à Nantes Anne de Bretagne, sa veuve, et à la mort de cette princesse (3); Louis XII céda le

---

(1) La duchesse de Bretagne fut comprise dans un traité que Charles VIII conclut avec le roi des Romains; et les deux rois firent, dans le courant de novembre 1489, publier cette paix par leurs héraults-d'armes dans les villes d'Angers, de Nantes, de Clisson et de Brest.

(2) Ce dernier était seigneur de Clisson.

(3) Morte au chateau de Blois le 9 janvier 1514.

duché de Bretagne à François d'Angoulême, duc de Valois, son gendre; ce prince avait épousé la princesse Claude, héritière de la Bretagne, par la reine Anne, sa mère.

Aussitôt que ce prince eut succédé à Louis XII (1), sous le nom de François Ier, il se fit confirmer, par son épouse, la donation de ce duché.

En 1532, François Ier. vint en Bretagne pour faire reconnaître son fils aîné, François, dauphin de France, à qui il avait donné le duché de Bretagne. Ce jeune prince fut couronné à Rennes, mais ne prit point possession du duché, qui fut irrévocablement réuni au royaume de France. Après cette cérémonie, il vint trouver le Roi, son père, qui l'attendait à Nantes. François Ier. donna dans cette ville un superbe tournois, et quelques jours après il se rendit à Clisson, accompagné de la reine Eléonore, belle-mère du Dauphin (2).

A cette époque, le calvinisme ayant commencé à se répandre en France, la Breta-

---

(1) Louis XII mourut le premier janvier 1515.

(2) La reine Claude sa mère, était morte en 1524, et ce prince fut empoisonné et mourut à Tournon en 1536.

gne fut, de toutes les provinces de ce royaume, celle où il fit le moins de progrès; elle fut encore assez tranquille pendant les premières années de la ligue formée par les Guises en 1576; mais Henri III ayant fait la faute de nommer, en 1582, le duc de Mercœur gouverneur de cette province, elle se vit aussitôt agitée par les plus grands troubles. Ce prince de la maison de Lorraine espérait, à la faveur de la guerre civile, s'emparer de la souveraineté de la Bretagne, à laquelle il prétendait avoir des droits, par son mariage avec Marie de Luxembourg, duchesse de Penthièvre.

Au milieu des partis qui déchirèrent la France dans la guerre de la Ligue, le château de Clisson tint constamment pour le roi Henri III, et pour son successeur Henri IV. en 1562, un prêche protestant s'était établi dans cette ville, et les calvinistes administrèrent le baptême dans la chapelle de St.-Gilles à Clisson, dont ils s'étaient emparés, malgré l'Edit de Charles IX du 14 août, qui enjoignait aux ministres de sortir de Bretagne en quinze jours, sous peine d'être pendus, sans autre forme de procès.

Charles IX, en revenant de Bayonne,

traversa le Poitou pour se rendre à Nantes, il y arriva au mois d'octobre 1565; il était accompagné de sa mère, Catherine de Médicis, alors régente du royaume et d'une cour nombreuse. Ces grands personnages visitèrent, en passant, le château de Clisson.

En 1588, le duc de Mercœur ayant été contraint par le roi de Navarre, depuis Henri IV, de lever honteusement le siège de Montaigu, se retira avec précipitation à Clisson; son arrière-garde fut atteinte à Monnière, et le roi de Navarre poursuivit l'armée des Ligueurs jusques au faubourg de Pirmil à Nantes.

Ce prince, qui était à la tête du parti protestant, ayant été joint au bourg de St.-Georges par de nouvelles troupes, vint mettre le siège devant Clisson, mais ayant trouvé cette place beaucoup plus forte qu'il ne l'avait cru, et munie de tout ce qui était nécessaire pour faire une longue résistance, il changea de résolution, et forma le dessein d'assiéger Beauvoir-sur-mer.

Henri s'éloigna de Clisson le 2 octobre, et se dirigea sur Vertou; de là il continua sa marche, passa en ordre de bataille devant Machecoult, d'où il essuya quelques canonades ; enfin il arriva le 4 à Beauvoir. Le même jour il investit cette place, et le lendemain il y courut risque de perdre la vie, dans une ambuscade que les assiégés lui dressèrent. Il venait de s'emparer de cette place, lorsqu'il apprit le meurtre des Guises (1) au château de Blois.

Henri IV ayant succédé à Henri III, assassiné à St.-Cloud le premier août 1589, la guerre civile continua en Bretagne avec le même acharnement entre les partis. Les états assemblés à Rennes au mois de décembre 1593, décidèrent, pour soulager la province, qu'il n'y aurait plus de garnison entretenues à ses frais que dans les villes de Rennes, de Vitré, Ploermel, Malestroit, Moncontour, Montfort, Paimpol, Clisson, Conquedec, Derval et Mommuran, toutes places restées fidèles au parti du Roi, malgré les efforts et les manœuvres du duc de Mercœur pour les en détacher.

En 1595 les députés, que le duc de Mercœur avait envoyés à Ancenis, pour traiter de la paix avec Henri IV, déclarèrent d'abort qu'ils n'entendraient à aucune proposi-

---

(1) Le 23 Décembre 1588.

tion que Hurtaud d'Offanges, commandant à Rochepot, en Anjou, pour la Ligue, qui alors était prisonnier et détenu dans le château de Clisson, n'eut été préalablement mis en liberté. Ces conférences n'eurent aucun résultat; et, quelques tems après, le comte de Vertus, baron d'Avaugour, (1), demanda au duc de Mercœur la neutralité pour son château et ville de Clisson, à cette condition il s'offrit de lui rendre Hurtaud, qui était toujours prisonnier; mais le Duc qui étoit déterminé à assiéger cette place, ne consentit pour délivrer son ami qu'à la neutralité de Chantocé sur Loire, autre château appartenant au Baron.

Pour s'assurer la conquête de Clisson, dont il entreprit le siège dans le courant d'octobre 1595, le duc de Mercœur avait traité d'une trêve, seulement à l'égard du Poitou, afin que cette place ne pût être secourue de ce côté; car elle ne pouvait l'être que très-difficilement du côté de la Bretagne, à cause de la Loire qui l'en sépare; mais

(1) Ce baron d'Avaugour était sans-doute petit fils de François d'Avaugour, fils naturel du duc François II.

les Espagnols qui devaient renforcer son armée, ayant refusé de passer cette rivière pour le rejoindre, dans la crainte de s'éloigner de la Bretagne, il fut contraint de lever le siège de Clisson, et, pour s'en dédommager, il tenta, le 1er. septembre, une surprise sur Thouars, qu'il manqua également.

En novembre de la même année, le comte de Vertus, baron d'Avaugour, écrivit aux Etats assemblés à Rennes, pour faire comprendre la ville et le château de Clisson, dans la trève qui se traitait en Anjou et en Poitou avec le duc de Mercœur; cette proposition fut rejettée, par la raison que cette place maintenait tout le pays dans le parti du roi.

Ce baron d'Avaugour, seigneur de Clisson, se distingua beaucoup par sa valeur dans cette guerre; il présida la dernière assemblée des Etats qui se tinrent pendant ces troubles, et fit au Roi des propositions fort judicieuses pour pacifier la Bretagne.

Henri IV mit enfin un terme à tous ces désordres, par l'acte de pacification conclu avec le duc de Mercœur à Angers, le 20 mars 1598. Ce prince rebelle quitta la France, et la clémence du Roi acheva d'étouffer, dans cette province, tous les germes de cette guerre de religion qui l'avaient désolée pendant dix ans.

Depuis ces évènemens, la Bretagne jouit de la plus parfaite tranquillité jusqu'à la révolution, à l'exception cependant de quelques émeutes particlles, et de quelques agitations qu'occasionnèrent les parlemens à différentes époques et sous différentes règnes; mais elle ne prit aucune part aux brouilleries qui survinrent en France du tems de Marie de Médicis, et à celles de Gaston duc d'Orléans, ni aux troubles qui agitèrent encore le Poitou sous Louis XIII. Elle resta également étrangère à la guerre de Paris et des Princes, sous la minorité de Louis XIV et dans laquelle plusieurs autres provinces prirent parti.

Henri IV fit son entrée à Nantes en 1598; il y rendit ce fameux édit de tolérance dont la révocation, en 1685, fit une si profonde plaie à la France et déshonora le beau règne et la vieillesse de Louis XIV (1).

---

(1) Ce prince vint à Nantes en 1661 et y fit arrêter le surintendant Fouquet.

Il est probable que les Rois de France, Henri IV, Louis XIII et Louis XIV, à l'exemple de leur prédécesseur, visitèrent le célèbre château de Clisson, pendant le séjour qu'ils firent à Nantes; mais depuis la guerre de la ligue, il n'est plus fait mention de Clisson dans l'histoire de la Bretagne. La paix qui règna dans cette province, où il n'y avait plus de frontières à défendre, dut nécessairement faire perdre au château de Clisson son importance, comme forteresse; et les différentes mutations et divisions que cette seigneurie éprouva pendant près de deux siècles, soit par le fait naturel des successions, soit par celui des ventes volontaires, diminuerent beaucoup sa valeur et cette terre, autrefois considérable, n'était plus que d'un très-faible revenu avant la révolution. Cinquante ans avant cette époque, ce château avoit été abandonné par la maison de Rohan-Soubise à qui il appartenait : tous les meuble furent vendus en 1746, (1) et les archives transportées ailleurs. On avait, quelque tems avant cet abandon, fait construire dens l'intérieur du château, de très-

(1) Cette vente dura un mois entier.

beaux bâtimens dont on voit encore aujourd'hui les ruines. Lorsque le prince de Soubise eut renoncé à habiter cet antique manoir, tous les logemens furent donnés à divers particuliers, et occupés jusqu'à la guerre et l'incendie de 1793. C'est à cette époque que le gouvernement confisqua cette propriété sur les enfans de la princesse de Condé qui, à ce qu'il paraît, avaient hérité de ce château et d'une partie de cette terre, du prince de Rohan-Soubise leur aïeul.

En 1792, quelques soulèvemens, précurseurs de l'iusurrection qui éclata l'année suivante, avaient déjà annoncé un grand mécontement parmi les habitans de ces campagnes; et le 11 mars 1793, des paysans insurgés, au nombre de 4,000, armés de bâtons, de fourches, de faulx et de quelques fusils de chasse, se portèrent sur Clisson; mais ils furent arrêtés dans leur marche tumultueuse entre le village de Gorge et Clisson et repoussés avec perte de sept hommes, par soixante-six gardes nationaux de cette ville.

Le même jour d'autres insurgés se mon-

(1) Le 21 janvier 1793.

trèrent sur la route de Vallet, à un quart de lieue de Clisson; ils furent repoussés comme les premiers, et un cavalier de la Garde nationale de Nantes fut tué dans cette affaire : il faisait partie d'un dètachement arrivé le jour même au secours des Clissonnais.

Enfin, le soir de cette journée, un troisième rassemblement parut sur le chemin de Gétigné, un peu au-delà de la chapelle de *Toute-joie*. Il fut mis en déroute comme les deux premiers, et on lui tua deux hommes. On dut le petit nombre de morts, dans ces trois affaires, aux coups mal dirigés par ces hommes alors timides, et qui n'étaient pas encore familiarisés avec les combats.

On resta sur le qui-vive jusqu'au 14 mai; dans la nuit du 14 au 15, quelques dragons du régiment de Roussillon, échappés aux insurgés qui venaient de s'emparer de Chollet, vinrent fort heureusement répandre l'allarme à Clisson. Le district, le tribunal, la municipalité, la garde nationale et tous les fonctionnaires publics, qui craignaient la répétition des sanglantes tragédies de Machecoult, se déterminèrent à se réfugier à

Nantes, où ils arrivèrent le 15. Ils furent suivis et escortés par une grande partie des habitans de l'un et l'autre parti. Cette caravanne fut continuellement harcelée par les paysans des communes qu'il fallut traverser; et plusieurs de ces derniers y perdirent la vie.

Aussitôt après le départ des réfugiés, Clisson fut envahi par une multitude d'insurgés, qui s'y précipitèrent de tous les environs.

L'armée de Mayence ayant forcé Montaigu, le 16 septembre 1793, se porta le 17 sur Clisson où les débris de l'armée, battu la veille, s'était retirés. Les Mayençais s'étant emparés de vive force du château, l'armée ennemie, encore en désordre, repassa promptement la Sèvre, s'arrêta à Tiffanges, pour recevoir des renforts et combattre ces troupes aguerries et terribles, qui n'avaient jusques là trouvé aucun obstacle à leur marche rapide.

Le quartier général de l'armée de Mayence fut établi dans le château de Clisson, et le gros de l'armée campa dans la plaine de la chapelle de *Tonte-joie*, sur le chemin de Gétigné.

Le 19, l'avant-garde, composée de six mille hommes, se dirigeait sur Mortagne, lorsqu'ayant dépassé Torfou, elle fut vivement assaillie par les forces réunies de l'Anjou et du Poitou. Le général Kléber, qui commandait cette avant-garde, reçut le choc à la tête de sa colonne, tomba percé de coups, et ne dut la vie qu'aux efforts que firent ses grenadiers pour le tirer de la mêlée.

Les Mayençais, enveloppés de toutes parts, entamés sur quelques points, reculaient avec ordre, se faisaient hacher plutôt que de rendre les armes, et présentaient toujours un front menaçant; mais engagés dans des chemins étroits et difficiles, poursuivis avec acharnement dans l'espace de trois lieues, et surtout privés du secours de leur artillerie, qu'ils avaient perdue au commencement de l'action, ils eussent infailliblement succombé sans le dévouement héroïque du lieutenant-colonel Schouardin.

Arrivé au ruisseau de Gétigné, ce guerrier intrépide reçut, sans s'étonner, l'ordre de son général, de rester immobile à ce poste périlleux avec cent chasseurs de son bataillon de Saône et Loire; ces braves, en formant un rempart que les Vendéens ne pûrent franchir, furent tués jusqu'au dernier, et assurèrent ainsi la retraite en arrêtant l'impétuosité de l'ennemi. Ce trait d'une bravoure sublime, que l'on peut comparer à celui de Léonidas et des Spartiates au défilé des Thermopyles, sauva l'armée d'une entière destruction, et le général Canclaux (1), averti du danger, eut le tems d'arriver de Clisson au secours de ses troupes. Il dégagea son avant-garde et reprit un instant l'offensive.

Les insurgés, encouragés par ce succès, marchèrent, le 21, sur Montaigu, dont ils s'emparèrent. Beysser qui commandait ce poste, s'y laissa surprendre par sa trop grande sécurité. Aussitôt que le général Canclaux eut connaissance de cet événement qui l'isolait des autres corps et détruisait l'ensemble de ses mouvemens, il jugea qu'il fallait rétrograder, évacua Clisson le 22, et fit sa

---

(1) Ce général, dont la bravoure, les talens, et le noble caractère, furent également estimés et appréciés par tous les partis, se couvrit de gloire dans la défense de Nantes, lorsque cette ville fut attaquée de toute part, par les insurgés, le jour de la Saint-Pierre 1793.

retraite sur Nantes ; mais il fut obligé de se faire jour à travers l'armée ennemie, qu'il trouva sur son passage à la Croix Morisseau, et à l'embranchement des deux routes de Clisson et de Vallet : on se battit de part et d'autre avec une égale fureur, et les insurgés furent contraints à la retraite, après avoir perdu, dans cette affaire, leurs meilleurs soldats. Tous les Mayençais, blessés au combat de Torfou et que l'on transportait à Nantes, ayant été surpris le matin, dans cette partie de la route, furent les premières victimes de cette fatale rencontre.

Les soldats de l'armée de Mayence, en évacuant Clisson, mirent le feu au château; l'hôpital et plusieurs maisons particulières furent incendiés ce jour-là. Depuis cette époque, jusqu'à la fin de la guerre, toutes les troupes des deux partis qui occupèrent ou traversèrent cette ville, y brûlèrent plus ou moins de maisons; de sorte qu'aucune n'est demeurée intacte, à l'exception seulement de la toîture de la halle, que les soldats des différentes armées conservèrent, parce qu'elle leur servait d'abri.

Cette terrible guerre civile, où des deux côtés les lois de la guerre furent si souvent méconnues, et l'humanité si cruellement outragée, ne fut entièrement pacifiée, que lorsque le héros qui règne aujourd'hui sur l'Europe, prit les rênes du gouvernement : à sa voix, la discorde éteignit ses torches incendiaires, cessa ses épouvantables ravages, et toutes les calamités qui avaient désolé ce malheureux pays, disparurent pour toujours.

La partie qui fut le théâtre actif de cette guerre, comprenait au nord, le cours de la Loire, depuis Saumur, jusques à son embouchure, et du nord à l'est, et au midi, le grand chemin de Saumur à Poitiers et à la Rochelle; mais non seulement les habitans de la plupart des villes ne combattirent point en faveur de l'insurrection; ils prirent encore les armes pour la cause contraire. Et ce qui rendit cette guerre aussi longue et aussi meurtrière, c'est la nature du pays, dont tous les chemins sont bordés de haies, de fossés larges et profonds, de buissons et d'arbres. C'était ordinairement derrière ces haies, que les Vendéens préparaient leurs embuscades et disposaient leurs attaques soudaines; les chemins de traverse sont presque impraticables; quelquefois encaissés à dix ou douze pieds au-dessous du niveau des terres, les charrettes peuvent à peine y faire trois lieues dans une journée ; et rarement y trouve-t-on des espaces où les voitures puissent tourner pour changer de direction. Depuis vingt siècles la Vendée n'a point changé ; c'était, sous les Romains, un pays inégal et difficile, couvert de bois épais, semé de marais fangeux. César dit, dans ses Commentaires, qu'il eut beaucoup peine à le fouiller. Une haie impénétrable clôt chaque propriété, et fait de ce pays une vaste forêt ; un nombre infini de petites rivières l'arrose en tout sens ; les bois variés qui couvrent leurs rives, la fraîcheur des prairies, la fécondité d'un terroir bien cultivé, fertile en grains et en fruits, offrent en général un aspect délicieux ; partout un air pur, des sites agrestes, des hameaux épars, des métairies isolées qui ressemblent parfaitement à celles d'Italie, des côteaux, des vallons, des montagnes, des bois et des étangs ; tel est enfin le pays que l'on appelle le Boccage.

Le cours majestueux de la Loire, les rives ombragées de la Sèvre, si séduisante par ses belles cascades, et l'ensemble de ce paysage poétique, en feraient un séjour enchanteur, si de tristes débris, qui heureusement disparaissent tous les jours, ne rappelaient encore le souvenir affligeant de nos discordes civiles, et le voyageur en gémissant sur ces déplorables effets de la fureur des partis, bénit, avec l'habitant de la Vendée, le gouvernement dont la puissance a su mettre un terme à tant de maux et qui a ramené si promptement par sa sagesse, la paix et le bonheur dans ces contrées fertiles. L'Empereur, en traversant ces départemens, au mois d'août 1808, fut vivement ému à l'aspect de ces ruines (1); il ordonna que l'on prit des mesures pour qu'elles fussent entièrement relevées, et laissa sur tout son passage les traces de ses bienfaits réparateurs.

Une circonstance particulière et heureuse contribua à faire renaître Clisson de ses cendres : François Cacault, sénateur, né à Nantes, en 1742, avait résidé un grand nom-

---

(1) Le passage de Sa Majesté a donné une telle impulsion aux habitans de la Vendée, et les secours qu'elle a daigné leur accorder ont été si efficaces, que depuis cette époque la plus grande partie des ruines ont disparu.

bre d'années en Italie, où il avait rempli, auprès des différentes Cours de ce pays, des fonctions diplomatiques importantes (1). Un long séjour dans la patrie des Raphaël et des Michel-Ange, lui avait inspiré le goût le plus vif pour les beaux arts, et il avait consacré la plus grande partie de sa fortune et

(1) La carrière politique du sénateur Cacault fut très-brillante; avant de s'attacher au département des affaires étrangères, il avait rempli avec distinction la place de secrétaire des Etats de Bretagne sous M. d'Aubeterre; il suivit ce seigneur dans ses missions d'Italie, et ne tarda pas à être nommé secrétaire d'ambassade à Naples.

A la retraite de M. de Talleyrand, ambassadeur auprès de cette Cour, M. Cacault y résida en qualité de chargé d'affaires. De retour dans sa patrie, il fut nommé, en 1792, ministre plénipotentiaire auprès du St.-Siége; il se rendait à ce poste, lorsqu'il apprit à Florence l'événement arrivé à Rome, le 13 janvier 1793, où Basseville fut assassiné, et qui força tous les artistes français à prendre promptement la fuite. M. Cacault ne pouvant pénétrer dans les Etats du Pape, ni revenir en France, tous les passages étant interceptés par les armées de la coalition, se trouva dans une position extrêmement fâcheuse; mais l'estime que l'on avait en Italie pour ses qualités personnelles, lui assura un asyle à Florence, et sa protection y fut d'un grand secours à tous les Français qui s'y étaient réfugiés.

Politique habile, il sut mettre à profit son séjour dans ce pays, en détachant la Cour de Toscane de la coalition, et il eut la gloire d'avoir, par sa seule influence, renoué le premier, à cette époque, les relations de la France avec les puissances étrangères.

Il fut ensuite nommé ministre à Gênes, à Rome et à Florence,

plusieurs années, à rassembler une immense collection d'objets d'art de tous genres. Son frère, Pierre Cacault, passionné pour la peinture, qu'il avait cultivée à Rome pendant près de vingt ans, était revenu à Nantes, sa patrie, vers la fin des troubles de la Vendée. Les habitans de cette ville n'osaient encore sortir de leurs murs, pour visiter leurs propriétés rurales, lorsque cet artiste se hasarda seul à faire un voyage à Clisson, pour en dessiner les vues; mais au lieu d'une ville peuplée et florissante, il ne trouva qu'un amas informe de décombres au milieu d'un désert. Il ne rencontra pas un habitant qui pût le guider, pas un toît qui pût lui servir d'asile; le silence des tombeaux régnait partout; de tous

---

et eut l'honneur de signer le traité de Tolentino avec le général en chef de l'invincible armée d'Italie.

Il fut rappelé d'Italie par le Directoire, en 1798, et nommé, à son retour à Paris, député au Conseil des cinq cens, par le département de la Loire-Inférieure. Après la révolution du 18 brumaire 1799, il fit partie du nouveau Corps législatif, et en mars 1801, S. M. le nomma ministre plénipotentiaire à Rome, pour y négocier le concordat. Ayant été remplacé par S. E. le cardinal Fesch en 1803, l'Empereur l'envoya présider le collège électoral du département de la Loire-Inférieure, qui l'élut candidat au Sénat conservateur, où il fut appelé le 6 avril de la même année.

côtés, les hideuses images de la destruction frappèrent ses regards. Ils parcourut avec effroi cette ville abandonnée, et ce vaste château dont les oiseaux de proie se disputaient la jouissance. Ces vestiges sanglans (1) et ces ruines encore fumantes ne purent affaiblir la vive impression que fit sur son esprit ce paysage admirable, qui avait autrefois si heureusement inspiré le Poussin (2); et Pierre Cacault fut si enchanté de la beauté de ces sites, de ces rochers, de ces cascades, qu'il prit sur-le-champ la résolution d'habiter ce séjour plein de charme et d'horreur. Les dissentions qui avaient déchiré ce malheureux pays, n'étaient pas encore entièrement étouffées dans le cœur aigri de ses habitans, et pouvaient se rallumer au moin-

(1) Cette enceinte fut souillée par des actes barbares, malheureusement inséparables des guerres civiles.

(2) Le Poussin a peint plusieurs vues de Nantes. On en voyait deux, avant la révolution, dans le cabinet de M. ***. Ce grand maître a sans doute visité les rives délicieuses de la Sèvre; et il est presque certain, que c'est d'après les croquis qu'il a fait sur ses bords, qu'il aura composé et peint à Rome plusieurs de ses beaux paysages; car celui qui représente Diogène, brisant sa tasse, et que l'on voit au Musée Napoléon, est une vue exacte de Clisson; il a seulement ajouté au-devant du château, la *fabrique* du Vatican.

dre souffle; les routes étaient peu sûres et les excursions dans la campagne fort dangereuses; cependant rien ne put le détourner de son dessein. Il choisit, pour en faire sa retraite, une ruine dont les points de vue lui parurent ravissans; c'était le presbytère de la Madelaine du temple, où un coin de couverture avait échappé aux flammes. Il acheta cette propriété du gouvernement, fit réparer l'habitation et vint s'y établir en 1798.

A cette époque, le sénateur avait le projet de transporter sa collection à Nantes; mais sur les observations de son frère, il se détermina à former cet établissement à Clisson: ces hommes estimables étaient persuadés qu'en plaçant leur Musée dans ce lieu, il offrirait la réunion intéressante et unique des plus nobles productions des beaux arts, encadrées, pour ainsi dire, par toutes les beautés de la nature pittoresque. Ils eurent aussi la pensée généreuse, qu'en attirant par ce moyen les curieux dans ce pays, peu éloigné d'une des plus grandes villes de l'Empire, cette affluence y rappellerait la population, et l'on peut affirmer que l'érection des bâtimens du Musée de Clisson, fut le signal de la reconstruction et de la nouvelle existence de cette petite ville.

En effet, un grand nombre d'habitans, encouragés par cet exemple, rentrèrent dans leurs foyers, en relevèrent les ruines (1); et le concours extraordinaire d'amateurs qui venaient chaque jour de tous les pays visiter cet établissement, fit promptement réédifier plusieurs auberges.

La construction de ce musée fut commencée en 1799, et achevée en 1804. Il est bâti sur un rocher, au bord de la Sèvre, non loin d'une des plus belles chûtes d'eau de cette agréable rivière ; c'est un vaste bâtiment, carré et isolé, au milieu duquel se trouve une cour spacieuse : il comprend, au rez-de-chaussée, une galerie et plusieurs salons pour la sculpture ; au premier, deux galeries parallèles de quatre-vingts pieds de longueur et neuf salons renferment plus de douze cens tableaux, dont une assez grande partie sont tres-précieux et des plus grands maîtres. (2)

---

(1) Plus de la moitié de la ville est actuellement rebâtie.

(2) Outre ces douze cens tableaux, M. Cacault en perdit presque un aussi grand nombre, qu'il avait fait embarquer en Italie sur un vaisseau, dont les Anglais s'emparèrent ; ces tableaux furent vendus à Londres en 1805 ; le roi et plusieurs seigneurs anglais en achetèrent une grande partie à des prix énormes.

La collection des gravures est une des plus nombreuses et des plus complettes qui existe; elle est composée de cent soixante-quatre vol. grand in-folio, contenant 10,646 estampes, classées par ordre d'école et de maître, et parmi lesquelles on trouve des Marc-Antoine, des Lucas de Leyde et des Rembrant fort rares et d'une grande pureté.

On y compte soixante-dix morceaux de sculpture en différentes matières : des statues, des bas-reliefs, des vases, des cippes, des cheminées et des tables en marbres rares et précieux, décorés de très-belles mosaïques; de plus, la collection en plâtre des principales statues antiques et des principaux ouvrages des plus habiles statuaires de nos jours (1).

Voici comment M. Huet s'exprime sur ce musée, dans son excellent ouvrage de la Statistique du département de la Loire-inférieure, imprimé à Nantes en 1802.

« La commune de Clisson possède la plus » riche collection de tableaux qui existe » hors de la capitale. Elle appartient à M.

(2) Une grande partie des ouvrages de Canova et de Julien se trouvent dans ce Musée.

» Cacault, ambassadeur de France à Rome.
» C'est sur les bords de Sèvre, là où la na-
» ture est si belle et si riche, qu'est placé
» ce musée.

» La plupart des voyageurs, qui s'y ren-
» dent en foule, demandent, en entrant
» dans la ville, où est le Palais? On s'attend
» à traverser des portiques de marbre et des
» vestibules richement décorés; il n'en est
» pas ainsi : il faut quitter la ville, parcou-
» rir des sentiers sinueux et délicieusement
» ombragés, à travers les rochers que tapis-
» sent le lierre et la vigne sauvage. Tantôt
» on cottoie la Sèvre, sur des prairies cou-
» vertes de troupeaux; tantôt on la voit rou-
» ler en torrent sous ses pieds, franchir, en
» écumant, les obstacles qu'elle rencontre,
» ou s'élancer en jets brillans, ou s'étendre
» en nappes transparentes, ou, asservie aux
» usages de l'homme, s'échapper, en mugis-
» sant, des entraves qu'on lui donne; des
» rivières, des prairies, des bois, des mon-
» tagnes; tels sont les portiques du musée
» de M. Cacault. On dirait qu'à la manière
» des anciens, il a voulu rendre sensibles les
» préceptes de l'imitation, et rappeler aux
» arts, qu'ils ne peuvent produire rien de

» beau, rien de grand, quand ils s'écartent » de la nature; que c'est d'elle qu'ils tien- » nent leurs charmes et tout leur pouvoir.

» On est admis tous les jours à toute » heure. Quand on parcourt ces galeries » décorées sans faste, quand on a vu ces » chef-d'œuvres de toutes les écoles, distri- » bués sans luxe inutile, sous des toîts qui » n'insultent point aux chaumières, on ad- » mire l'homme de goût qui a, pour ainsi » dire, mis en opposition les prodiges de » l'art et les merveilles de la nature, en » choissant un angle de terre, qui ne le » cède en rien aux sites les plus renommés » de Suisse et d'Italie.

» On admire l'homme de génie qui, avec » des moyens bornés, sans dépenses exces- » sives, au milieu de fonctions importantes » et laborieuses, a trouvé, par une persévé- » rance de vingt années, le moyen de se » créer une collection immense et choisie, » que l'impatience ne parviendrait pas à for- » mer avec d'immenses trésors.

» On admire le citoyen qui voue ce qu'il » possède aux jouissances et à l'utilité du » public; qui fait un aussi grand sacrifice » sans ostentation, avec cette modestie,

» vertu particulière de nos pays, qui nuit à la » célébrité, mais justifie la reconnaissance » et suffit au bonheur. »

Dans un discours prononcé à la Société des sciences et des arts du département de la Loire-Inférieure, le 5 mai 1808, le même auteur s'exprime encore ainsi sur Clisson et sur le Musée :

« Il faut être au milieu des merveilles et » des beautés de la nature pour les apercevoir, les sentir, les produire et les peindre » à l'œil ou à l'imagination. Il faut être loin » du tumulte et de la corruption, pour » comprendre la pureté des anciens et retrouver ce monde idéal qu'habitent, avec » le bonheur et la vertu, les bergers, les » héros et les Dieux.

» Combien de fois n'ai-je pas entendu dire à » l'un de nos collègues, que ses occupations » retiennent à Paris : les poètes, les artistes, » devraient, chaque année, visiter les environs de Clisson. Dans ces lieux enchanteurs, et sans s'expatrier, ils trouveraient » rassemblé, distribué, par des hasards heureux, tout ce qu'on va chercher en Suisse, » et en Italie.

» Là, sur les bords de la Sèvre, parmi

» les torrens, les cascades, les rochers, nos » riches coteaux, nos fraîches vallées et leurs » vastes ombrages, qui ne serait poète, ar- » tiste ; ou qui ne voudrait l'être daus ces » galeries sans faste, où le goût des arts a » réuni tant de marbres et tant de tableaux, » au milieu de cette nature si belle, si fé- » conde, et qui se révèle sous des formes si » variées à la méditation, à l'enthousiasme, » à la mélancolie ! Qui pourrait voir, sans » émotion, les lieux où le berceau d'Abei- » lard reçut les larmes d'Héloïse, et le fruit » de ses tristes amours ; les bois plantés par » les mains victorieuses de la Galissonnière, » les ruines majestueuses que les siècles et » les guerres ont respectées, et que notre » collègue conserve pour l'honneur du pays ! » ruines que rend sacrées les noms des Clis- » son, des Duguesclin, ces héros, nos an- » cêtres qui, les premiers, délivrèrent la » France du joug honteux des Anglais.... »

L'intention du sénateur Cacault était de laisser son Musée, en toute propriété à la commune de Clisson, avec une forte dotation en biens fonds pour les dépenses annuelles de l'entretien ; mais à peine était-il terminé, que la mort surprit ce généreux citoyen à Clisson, le 10 octobre 1805, dans la soixante-troisième année de son âge, avant qu'il pût faire aucune disposition à cet égard. Son frère, Pierre Cacault, son unique héritier, qui partageait ses vues libérales, s'empressa de faire, l'année suivante, un testament où cette donation, conforme à la volonté du sénateur, se trouvait consignée; mais ayant reconnu plus tard, que le passif de la succession de son frère exigeait la vente d'une partie de sa collection, il préféra, pour ne point en priver le département, la céder à la ville de Nantes, pour une somme modique dont il avait besoin, plutôt que de la vendre avantageusement, en dispersant les principaux objets.

Cette vente fut approuvée par un décret impérial, le 27 janvier 1810; et le 29 du même mois, Pierre Cacault mourut à Clisson; cette vente, ratifiée par le gouvernement, deux jours avant son décès, annulla l'article de son testament, par lequel il avait disposé du Musée en faveur de la ville de Clisson (1).

(1) Par suite de cette vente, les tableaux les plus précieux et la collection des gravures ont été transportées à Nantes; mais la plus grande partie des tableaux étant restée à Clisson, M. le

Si la mort du sénateur Cacault porta un coup funeste à la prospérité de ce pays, qui perdit en lui un zélé protecteur, Pierre Cacault ne fut pas moins regretté, et le tombeau (1) de ces deux frères sera long-tems l'objet de la vénération publique.

---

baron Bertrand Geslin, maire de Nantes, magistrat éclairé et ami des arts, a pris des mesures pour que les galeries du Musée de Clisson fussent ouvertes au public, et que tous les objets qui y sont renfermés, fussent exposés et précieusement conservés, en attendant qu'un local convenable pût les recevoir à Nantes.

(1) Par les soins de M. Mathurin Crucy, l'un des plus habiles architectes de France, et à qui Nantes doit ses plus beaux édifices, la chapelle de St. Gilles, située à l'extrémité d'un rocher escarpé sur le chemin du Musée, doit être rebâtie dans la forme d'un temple grec, pour y déposer leurs cendres.

Voici les vers que M. Antoine Pécot, commissaire impérial près l'administration des monnaies, à Nantes, a composés, et qui doivent être gravés sur leur tombeau.

De deux amis des arts tu vois ici la tombe.
Contre les coups du sort inutile secours,
Leurs vertus, leurs talens, n'ont pu sauver leurs jours.
Hélas! sous le Destin, il faut que tout succombe.
Mais tant qu'ils ont vécu, leurs prodigues bienfaits
Ont orné le pays où leur cendre repose;
Et le nom de Cacault n'y périra jamais.
Homme, ah! puisque de toi la mort ainsi dispose,
De ta pénible vie embellis le sentier!
Que la bienfaisance ou la gloire
T'assure une longue mémoire,
Et t'empêche du moins de mourir tout entier.

Puissent leurs cendres inanimées éprouver quelque douceur aux témoignages des regrets de leurs amis et de la reconnaissance de leurs concitoyens. Puissent leurs ombres libres et dégagées de toutes les peines attachées à l'existence, errer avec plaisir dans ces lieux qui firent leurs délices et où ils ont laissé d'éternels souvenirs !

L'établissement du Musée n'est pas le seul service qu'ils rendirent à ce pays ; le pont du Pallet rappellera toujours les bienfaits de Cacault aux habitans de ces contrées. Ce bourg, à un myriamètre de Clisson, sur la route de Nantes, est traversé par un ravin qui, dans la saison des pluies et des orages, interceptait, pendant plusieurs jours, toutes les communications de ce pays avec Nantes, et rendait ce passage dangereux et le plus souvent impraticable ; le sénateur obtint du gouvernement la construction d'un pont et l'élévation de la route dans cette partie. Cet ouvrage, dû à son active sollicitude, ne fut entièrement terminé qu'après sa mort, et le département, en reconnaissance de cet important service, fit ériger sur ce pont, connu actuellement sous la dénomination de *Pont Cacault*, un obélisque, sur lequel on a gravé une inscription honorable pour sa mémoire, et que tous les voyageurs lisent avec respect.

Ce bourg du Pallet a vu naître Abeilard, si célèbre par son savoir, ses amours et ses malheurs; et le fameux Barin de la Galissonniere, vainqueur de l'amiral Byng et de Port-Mahon (1).

Abeilard nâquit en 1079, et l'on voit encore aujourd'hui, proche l'église du Pallet, les vestiges de la maison de Béranger son père.

Les amours et les infortunes de cet homme extraordinaire sont tellement connus, que nous croyons inutile d'en retracer ici la touchante histoire; nous nous bornerons seulement à rappeler que c'est dans ce bourg qu'il amena Héloïse, lorsqu'il l'eut enlevée de chez son oncle Fulbert, pour la soustraire aux ressentimens de ce chanoine jaloux et furieux.

Obligé de quitter cette retraite, pour retourner à Paris où l'appelaient ses nombreux

---

(1) La Galissonnière remporta cette victoire au mois de juin 1756, et mourut le 19 octobre de la même année, âgé de soixante-trois ans. Les Anglais, furieux d'avoir été vaincus par un amiral français, firent fusiller l'amiral Byng.

disciples, le soin de sa gloire et de sa fortune, Abeilard confia à sa sœur la tendre Héloïse, et le gage précieux qu'elle portait dans son sein. Elle accoucha au Pallet, en 1110, d'un fils d'une si rare beauté, qu'elle le nomma *Astrobalde*, c'est-à-dire *astre brillant;* mais l'absence de celui qu'elle adorait, altérant pour elle les vives jouissances de la maternité, livrait souvent son cœur à la plus sombre mélancolie; et c'est sur les bords de la Sèvre, que cette femme, douée d'une âme brûlante et expansive, venait rêver à l'objet de sa tendresse et soupirer après son retour.

Les noms d'Abeilard et d'Héloïse embellissent encore aujourd'hui cet amoureux rivage; on interroge, avec une avide curiosité, ces roches éternelles et ces grottes mystérieuses, qui furent, il y a plusieurs siècles, les témoins discrets de leurs peines et de leurs plaisirs. L'âme s'émeut et l'imagination fortement excitée par ces souvenirs agréables, croit voir encore ces amans passionnés s'égarer dans cette solitude, fouler ces gazons fleuris, se reposer sous ces frais ombrages, écouter en silence le murmure des eaux, ou se livrer, avec transport, à toutes les inspirations de leur divine éloquence, de la nature et de l'amour.

On lira sans doute avec plaisir, sur ce sujet, ces vers gravés sur un rocher, dans une des grottes du parc de la garenne à Clisson (1).

Héloïse peut-être erra sur ce rivage,
Quand aux yeux des jaloux dérobant son séjour,
Dans les murs du Pallet elle vint mettre au jour
Un fils, cher et malheureux gage
De ses plaisirs furtifs et de son tendre amour.
Peut-être en ce réduit sauvage,
Seule, plus d'une fois, elle vint soupirer,
Et goûter librement la douceur de pleurer.
Peut-être, sur ce roc assise,
Elle rêvait à son malheur.
J'y veux rêver aussi ; j'y veux remplir mon cœur
Du doux souvenir d'Héloïse.

Mais les poètes et les peintres ne sont pas les seuls que ces lieux romantiques ont inspirés ; ils ont fourni à Mad[e]. *Riccoboni* le sujet d'un de ses plus jolis ouvrages : *l'histoire des Amours de Gertrude, Dame du Château-Brillant.* Elle y désigne le château de Clisson, sous le nom du château de *la*

(1) Ces charmans vers sont de M. Antoine Pécot, que nous avons déjà cité.

Roche-Forte (1), nom qu'on lui donnait autrefois, à cause du rocher escarpé sur lequel il est bâti.

Je termine ici cette notice; il faudrait une plume plus exercée que la mienne pour décrire tous les agrémens de ces lieux et peindre la vive impression qu'on éprouve au premier aspect de ce délicieux paysage, pour donner plus de développement aux faits que j'ai cités, et qui se lient si particulièrement aux plus mémorables événemens de l'histoire de France; mais j'ose croire que cette simple et rapide indication, ne sera pas sans quelque intérêt pour tous ceux qui visiteront ce pays enchanteur, et fera suffisamment comprendre ma juste prédilection pour ce séjour, qu'un artiste ne verra jamais sans enthousiasme, ne quittera point sans regret, et qui semblent avoir dicté à un poète célèbre (2) ces beaux vers :

Là, que le peintre vienne enrichir sa palette;
Que l'inspiration y trouble le poète;
Que le sage du calme y goûte les douceurs;
L'heureux, ses souvenirs; le malheureux, ses pleurs.

---

(1) Il existe encore aujourd'hui à une demi-lieue de Clisson, dans la commune de Gétigné, les vestiges d'un vieux château, qui s'appelait *la Roche* et qui appartenait jadis au seigneur de Clisson.

(2) M. Delille, poëme des Jardins.

FIN.

ERRATA.

Page 11 : dont les napes transparentes ; *lisez* nappes.

Page 18 : la veille de St.-André ; *lisez* la veille de la fête de St.-André.

Page 20. Le jeune Olivier, quoique d'un âge fort tendre ; *lisez* quoique dans un âge fort tendre.

Page 44 : et fut fait chevalier par Olivier Clisson, *lisez* par Olivier de Clisson.

Page 57 : mourut de chagrin et sans postérité. La date, (19 juillet 1450) qui se trouve à la ligne, doit suivre immédiatement.

www.ingramcontent.com/pod-product-compliance
Ingram Content Group UK Ltd.
Pitfield, Milton Keynes, MK11 3LW, UK
UKHW020327250726
13967UKWH00004B/1897